性深處，破解心靈弱點，從內心重建自信與力量

樂律

無所遁形的 40個人性弱點

Deep In Human Nature

▶ 探索人類思想與外顯特徵，發現生活中的潛在心理問題
▶ 理解嫉妒、虛榮、攀比等負面心態，學會有效管理情緒
▶ 反思自我認知與行為模式，實現個人心靈的成長和突破

揭示內心黑暗面，
重新認識自我，邁向成熟理性的生活！

劉璐——著
樂律心理——組編

目錄

目錄

前言

人無完人，我們每個人的身上，都存在一定的心理弱點，這些心理弱點或顯著或潛藏，或嚴重或輕微，都給我們的人生帶來了不同程度的影響。它們會削弱我們的人格魅力，降低生活的幸福指數，甚至會改變我們的前途命運。在一定意義上，成長與成熟的過程就是我們認識與克服心理弱點的過程。只有戰勝了自身的心理弱點，我們才能活得更輕鬆、更快樂，獲得更多的認可、更大的成功。

本書的作者經過長期的研究總結，羅列出具有普遍性和代表性的40個心理弱點，結合生動的案例，從心理學的角度對這些人性的弱點進行了精闢的解析，同時提出富有針對性的建議，幫助讀者了解自我、完善自我、超越自我，成為人格更健全、心理更健康的「強者」。

弱點並不可怕，可怕的是對弱點視而不見、聽而不聞。當我們鼓起勇氣面對自身的缺陷的時候，就邁出了走向成熟的第一步。挑戰和超越自我的過程不會是一帆風順、輕鬆自在的，但過程本身不就是人生路上一道亮麗的風景、一段寶貴的回憶嗎？

01

敏感：比別人多一點心

大多數敏感的人，並不是真的如人們所說的那樣「想太多」。他們敏銳的觀察力、縝密的心思使得他們在人際相處中更有洞察力，自然也能夠更敏銳、更迅速地察覺到對方的情緒和舉止變化。也就是說，敏感如同人們的一種性格特質，是需要辯證看待的。只要轉變思想，正確地認識和看待敏感，就會變弱點為優點，化劣勢為優勢。

夢夢的對號入座能力特別強，還特別自卑、脆弱，對於日常相處中他人的一舉一動、一言一行都特別在意。在她心裡，「所有的讚美都像是蓄意傷害」，她「終生都在承受著他人看不見的痛楚的折磨」。比如：搭捷運看到相鄰幾個人聚在一起小聲聊天時，她就會忍不住想：「他們一定又在討論我太胖」；男朋友今天和她聊天沒有笑，她會想「他是不是嫌我煩了？不喜歡我了？」；當她向同事借東西，同事忙於回電話沒聽見時，她會感到很尷尬，不想再開口，轉而認為同事對自己有意見，是在故意為難自己；就連逛街和朋友偶遇，分別時忘記說「再見」，她也會後悔、內疚好長時間。

對於像夢夢一樣敏感的人而言，在生活中是不容易感受到放鬆和快樂的。無論是別人傷害他們還是他們傷害別人，都會在他們心中割出一道很深的傷口，需要很長時間才能得到療癒。儘管他們如此小心翼翼、字斟句酌、察言觀色地生活、學習和工作著，面對他人的要求不善拒絕、刻意迎合，但他們還是難以得到周圍人的理解，總被看作是想太多、矯情、小心眼、戲精等。

甚至每一次他們嘗試著想要表達自己時，還會被對方以「是你太敏感」為由，將他們想說的話硬生生堵回來，從而進一步加劇他們內心的敏感、自卑與自我懷疑。比如：月月感覺男朋友最近沒有以前那麼關心自己了，這次她沒有自己悶在心裡，但當她直接詢問男友時，對方卻說：「我還是和以前一樣啊，妳能不能不要這麼敏感？」長此以往，在諸如夢夢和月月一樣敏感的人心裡，就會埋下一粒被誤解的種子，她們會認為敏感是缺陷、是錯誤的。

但事實上，大多數敏感的人，並不是真的如人們所說的那樣「想太多」。他們敏銳的觀察力、縝密的心思使得他們在人際相處中更有洞察力，自然也能夠更敏銳、更迅速地察覺到對方的情緒和舉止變化。也就是說，敏感如同人們的一種性格特質，是需要辯證看待的。只要轉變思想，正確地認識和看待敏感，就會變弱點為優點，化劣勢為優勢。

敏感被解釋為「感覺敏銳，對外界事物反應很快」。由此可以看出，敏感最顯著的兩個特徵分別是「微」和「快」。具體到敏感的人身上，和普通人相比，他們具備更敏銳地察覺細節變化的能力，更快速地感知他人情緒、語氣、行為等變化的能力，更強大的共情能力以及更能隱忍地取悅他人的能力。

比如：小方正在宿舍內十分投入地打遊戲，室友阿峰詢問他是否需要打熱水，小方說：「不用。」儘管小方覺得自己回答的語氣十分平靜、自然，但阿峰卻開始各種胡思亂想：我最近哪裡得罪他了？是不是打擾到他了？只是因為他察覺到了小方回答他時語氣裡帶有一絲就連小方本人都沒有意識到的不耐煩。

關於敏感特質產生的根源，心理學家在對高度敏感族群進行調查研究後，儘管並未確認所有與敏感度相關的遺傳因數，但研究者們仍然將敏感看作是人類所具備的一種與生俱來的個性特徵，是基因中自我保護的本能，影響它形成的重要因素之一是基因遺傳。此外，大腦中一些區域的活躍程度也對人們的敏感度高低產生了一定作用。

另一方面，雖然心理學家的研究顯示，異常敏感和過度共情可能是天生的，但是對於大多數敏感者而言，顯然後天環境對他們產生的影響更大、更為深遠。比如：對於一位從小看著父親家暴母親的孩子而言，父親的情緒是多變且沒有任何緣由和徵兆的。可能一家人上一秒還在其樂融融地聊天，突然不知道因為哪句話說錯，父親就會對著母子二人大打出手。長期生活在這樣一種未知的恐懼和焦慮中，孩子為了不惹怒父親，為了讓自己和母親少挨打，為了第一時間做好應對準備，他必須學會觀察父親的舉止神態，對父親每一絲的情緒變化都保持高度的警覺性和敏感性。

當然，這裡所說的後天環境不僅僅包括家庭中的暴力因素，還包括學校、工作以及社會環境中的一些精神暴力、環境氛圍、教育方式等其他因素。比如：心理學家的研究顯示，以批評、打擊、放任為主的教養方式會加強孩子的自卑感，不僅使得他們誤以為自己真的一無是處，低自尊、低自信，而且還會使他們對他人的情緒變化格外敏感，並將其當作是對自己的負面評價。

那麼，敏感的人怎樣才能變得不那麼敏感呢?也許可以嘗試從以下五個方面做起：第一，坐下來認真體察自己的內心，並勇於接納最真實的自己；第二，發掘自己的潛力，培養興趣愛好，增強自信心，有效釋放內心壓力；第三，學會做自我情緒的主人，透過寫作、畫畫等方式表達自己的內心困擾及負面情緒；第四，寫下來，把事情整理出一條清晰的脈絡，進行理性分析和判斷，而不是一味地胡思亂想；第五，有選擇性地遠離容易讓自己敏感的環境和人。

總而言之，敏感特質本身並不具備絕對的好與壞，而是人類自身給它賦予了太多的負面意義，進而給大多數敏感的人造成了極大的心理壓力。敏感是把雙刃劍，人們完全可以發揮自身的主觀能動性，將敏感這個心理弱點變為推動自己向前、向上發展的內在驅動力。比如：許多作家、畫家以及音樂家等，正是充分地運用了敏感這種特質激發了自我潛力，才能不斷地有所創造和取得成功。

02

嫉妒：箭欲長而折他人之箭

嫉妒是人類最普遍、最根深蒂固的負面情緒之一，也是導致人們不幸福的重要因素之一。正如韋氏詞典所定義的那樣，嫉妒就是「在看到別人的優秀或好命運時感到的氣惱、羞辱、不滿或不安，同時感到一定程度的厭惡以及占有相同優勢的渴望」。

張偉和林清是同期進入公司實習的同事。三個月過去，林清仍然是實習生身分，而張偉不僅順利轉正，還被主管破格提拔為副部長。自此，林清開始刻意迴避和張偉的正面接觸，不再像從前那樣和張偉一起飯後散步、談心，甚至當張偉邀請林清外出就餐或者玩樂時，林清都會揶揄道：「您是副部長，我一個實習生就不湊熱鬧了吧。」

這天，張偉在工作群中發了一張剛買的新房子的照片，同事們紛紛羨慕不已，並表示恭喜。但就在大家在群組裡聊得開心時，林清突然發送語音說道：「別是拿著公司的錢去替自己買房了吧。」有同事慌忙回應道：「買房子是好事，沒有證據的事你不要亂說。」林清仍然說道：「事實究竟如何，張偉自己心裡最清楚。」

關於嫉妒，英國哲學家羅素有句名言讓人印象深刻，大意是：「嫉妒可能是人的所有天性當中最不幸的一個了，由於嫉妒，人不去從自己所擁有的事物中汲取快樂，卻不斷地從他人所擁有的事物中汲取痛苦。」

可以說，嫉妒是人類最普遍、最根深蒂固的負面情緒之一，也是導致人們不幸福的重要因素之一。正如韋氏詞典所定義的那樣，嫉妒就是「在看到別人的優秀或好命運時感到的氣惱、羞辱、不滿或不安，同時感到一定程度的厭惡以及占有相同優勢的渴望」。在嫉妒情緒背後所隱藏的諸如羞恥、厭惡等情緒，對於個體的精神狀態具有極強的破壞力。

嫉妒容易讓人迷失自我，喪失理性，倍感矛盾與痛苦。相關心理學研究顯示，嫉妒有著諸如對抗性、指向性、發洩性等較為顯著且具有代表性的特徵。比如：嫉妒的對抗特徵就展現為明顯的進攻性，攻擊者以顛覆被攻擊者的形象為目標，甚至不惜顛倒黑白，造謠誹謗。

此外，當嫉妒心理發生在性格較為內向善良、自尊心較強的人身上時，通常具有較強的隱蔽性和偽裝性，出於不希望別人看到自己嫉妒，或者仍然想和被嫉妒者保持良好關係等考慮，他們往往會千方百計地進行偽裝，避免他人察覺自己的嫉妒心理。

比如：美琳和小慧是好朋友，兩人薪資待遇也相近。前段時間，小慧跳槽重新找了一份工作，薪資比美琳高出好幾倍，她興奮地打電話邀請美琳一起外出就餐慶祝。美琳當時十分爽快地答應了，但掛斷電話後卻難掩心中的難過和失落。

對於美琳而言，她一方面非常嫉妒小慧跳槽的勇氣和新工作的高待遇，另一方面認為自己應該真心地為好朋友感到高興，而不是嫉妒對方。這種矛盾的心理使得她只能隱藏內心的嫉妒情緒和痛苦，接受小慧的邀請，繼續和小慧做「好朋友」。

不同於人類的其他心理弱點，嫉妒的產生並不是基於隨機或者盲目的比較。它的出現不僅遵循著「羨慕－嫉妒－恨」的轉換順序，而且通常具備以下四個方面的條件：

第一，嫉妒雙方擁有相似的生活和教育背景，或者處於同一起點、同一階層或同一領域的競爭中。正如羅素所說的那樣，「乞丐並不會嫉妒百萬富翁，但是他肯定會嫉妒收入更高的乞丐」。

第二，被破壞的個人優越感。比如：甲是公主，乙是婢女。面對前來提親的王子，公主勢在必得，但沒料到王子最終喜歡的是婢女。這時，公主就很容易對婢女產生嫉妒心理，甚至極有可能進一步發展為恨，因為她認為婢女並不值得擁有王子的愛情，只是王子一時鬼迷心竅，而婢女則太有心機。

第三，當觸及與個體自我核心價值和利益相關程度高的事物時，個體很容易產生嫉妒心理；反之，如果是與個體相關度較低的事物，個體則更容易產生欣賞、欽佩等心理，而非嫉妒。

第四，對自我能力的理想化預估與殘酷現實之間的落差。比如：甲和乙同時複習準備公務員考試，甲成功考取，乙不幸落榜。如果甲原本的成績遠遠高於乙，乙會衷心祝願甲並表示羨慕；但如果甲與乙原先成績持平，甚至稍遜於乙，那麼乙會不斷為自己找藉口，認為甲只不過是運氣比較好而已，自己如果能夠正常發揮的話，一定會考得比甲還要好。在這種心理的影響下，乙更傾向於嫉妒甲。

因此，要想有效控制嫉妒心理，讓生活變得更寬容、平和，就需要我們從以下幾個方面著手：

第一，首先人們需要正確認識嫉妒，並接納自我內心嫉妒情緒的出現，而不是一味地牴觸和排斥它。

第二，尋求心理專業人士的幫助或者透過朋友探討等形式，認真分析自我嫉妒心理出現的源頭及主客觀條件，並對症下藥，做出改變。比如：小紅十分嫉妒室友小芳的好身材，但經過一段時間的觀察後她發現，小芳不僅飲食十分克制，而且每天都堅持運動鍛鍊，而小紅自己睡覺前都還在大吃大喝，於是她認識到，只要自己慢慢改變飲食習慣，加強鍛鍊，也可以擁有像小芳一樣的好身材。

第三，不要和別人比較，多和自己比較，把目光放長遠一點，培養開闊、灑脫、平和的心態，學會知足常樂。

第四，化嫉妒為動力，重新端正心態，找到自身優勢，樹立清晰目標。一個沒有前進方向和目標的人，目光往往只是聚焦在眼前的人和事上，在毫無意義的攀比中陷入嫉妒的泥潭；而一個對自身價值、優勢以及目標認知十分清晰的人，會把時間和精力都用在追求自己的目標上，就沒有多餘的心力去嫉妒他人。

總而言之，嫉妒是一把雙刃劍，它既能摧毀一個人的心性，也能轉化為個體發憤圖強的動力。扭轉消極的嫉妒心理，儘管這種改變可能是艱難的、痛苦的、反覆的，但只要我們有足夠的決心和意志力，堅持到底，我們自然會逐漸擺脫嫉妒，變得更加從容、樂觀和豁達。

03

衝動：被沖昏頭腦的魔鬼

一般而言，衝動是指「由外界刺激引起，爆發突然，缺乏理智而帶有盲目性，對後果缺乏清楚認知的行為」。在心理學中，衝動則主要被看作是一種有強烈感情和薄弱自制力的心理現象。

時值夏日，正是黃昏時候，小芸和朋友們玩耍歸來後，看到家中餐桌上有一杯倒好的涼白開，她二話不說，端起來「咕咚咕咚」兩口下肚，水被喝得一滴不剩。與此同時，她的朋友小怡和小傑回到家也各自看到了一杯白開水。但即使口渴難耐，小怡也沒有直接端水就喝，而是先慢悠悠地換好清爽的衣服，打開電視，再坐在沙發上端起水杯，邊看綜藝節目邊慢悠悠地喝。小傑則是詢問坐在旁邊的奶奶，水是否可以飲用，得到肯定的答覆後才拿起水杯一飲而盡。

原來，這是身為諮商心理師的小芸媽媽進行的一項關於衝動的小測試。她聯合其他兩位媽媽，透過觀察三個孩子在飢渴狀態下回家看到水杯時產生的不同反應，初步分析判定：小芸是非常直爽、衝動的人，遇事少有思索，大多憑藉第一感覺行事，是三人中最容易產生失控行為的；小怡遇事較具忍耐性，不慌不忙，但有時說話做事容易以自我為中心，易衝動指數中等；小傑個性小心謹慎，做事嚴謹周密，易衝動指數較低。

在日常生活中，我們時常會遇到讓自己情緒出現劇烈波動、一瞬間氣血上湧的事情，進而做出一些不理智的舉動。這種衝動不僅無益於事情的解決和情緒的紓解，甚至很有可能會造成我們難以承擔、悔恨不已的後果。

那麼，要想矯正衝動這項人類與生俱來的心理弱點，就需要人們對衝動有所了解。首先我們要知道，衝動的人一般具備哪些個性表現。為什麼面對同樣的一件事，有些人衝動，有些人則淡定、謹慎？我們怎樣才能像小芸媽媽一樣，透過自我或他人的言行舉止判斷當事人是否容易衝動，並進一步做出應對及自我調節呢？

一般而言，衝動是指「由外界刺激引起，爆發突然，缺乏理智而帶有盲目性，對後果缺乏清楚認知的行為」。在心理學中，衝動則主要被看作是一種有強烈感情和薄弱自制力的心理現象。比如：陳鋒去洗手間時，無意中聽到隔壁同事正在打電話吐槽自己，他感覺非常憤怒，衝動之下將同事暴打了一頓。這裡的憤怒就是陳鋒情緒的激烈反應，將同事暴打一頓則是失去理性後的激情行為，是衝動的顯著表現。

另一方面，透過其定義我們可以看到，衝動最明顯的特徵展現為突發性、失控性、暫時性以及易悔性。其中，暫時性是指衝動情緒和行為總是像暴風雨一樣，來得快，去得也快。正如有的衝動者事後所反省的那樣，「衝動只需要幾秒鐘，彌補和悔恨卻需要幾倍甚至幾百倍的時間」。

從表面上看，衝動的產生是因為受到了外界的強烈刺激，但心理學相關研究認為，衝動的產生同當事人本身的個性息息相關，如下面幾種性格類型的人群更容易產生衝動：

一、個體自尊心較強或驕縱蠻橫，容不得他人輕視、冒犯、違背或反抗自己的人。此種類型的衝動者的典型代表是自幼被父母溺愛長大的孩子和自卑感太重而自尊心太強的人。

二、個體長期處於被誤解、被忽視、被孤立等情境中，心中積聚大量的委屈、孤獨、憤怒等負面情緒，無法得到有效排解的人。因此，在負面情緒累積到一定程度時，他們很容易被外界出現的某個情境刺激到而爆發出來（這個刺激本身可能微不足道）。

三、個體遇到刺激時，需要用迅速的反應來安撫自我，較難接受情緒上的延遲滿足的人。比如：琳琳在家中大掃除，偶然翻看丈夫的手機LINE訊息時發現，丈夫和自己的好閨密娜娜長時間互相傳送曖昧訊息，一怒之下，她摔碎了丈夫的手機，並找到娜娜，將其暴打一頓。

對於發現丈夫出軌好閨密的琳琳來講，她需要藉助摔手機、打娜娜等行動來立刻宣洩憤怒情緒和安慰自己受傷的內心，而不是像其他人一樣冷靜地、耐心地等待丈夫的解釋或者搜集更多的證據來整理來龍去脈，解決問題。

或許，有時候衝動的行為也能夠為人們帶來一些好的結果，個體與社會發展中也需要某些「衝動」來實現轉變和尋求突破，但在心理學家們看來，衝動靠激情推動，帶有強烈的情緒色彩，其行為缺乏意識能動的調節作用，所以衝動產生的負面影響要遠遠大於其正面作用。比如：新聞報導中越來越多的家庭暴力、虐待兒童、凶殺、毒品上癮等社會事件，都是因為人們對衝動缺乏有效控制的結果。

因此，要想避免衝動產生的惡果以及衝動後的悔恨，人們可以：

一、結合自身興趣愛好及專業特長，選擇練習書法、畫畫等方式修身養性，有意識地培養自己的耐性。

二、學會忍耐，多使用後果想像法。衝動的情緒來得快，去得也快，可以藉助後果想像法，想像自己衝動後可能會造成的後果，並且藉助深呼吸、轉移注意力、自我暗示等方法來加強情緒自制力。比如：《武林外傳》中個性易衝動的郭芙蓉每次衝動之前，都會深吸一口氣，然後默念：「世界如此美妙，我卻如此暴躁，這樣不好，不好。」

三、他人提示法。當意識到自己在日常生活中待人接物時容易衝動，又難以實現自我控制時，可以告訴身邊的親人、朋友或者同事，請求他們在關鍵時刻及時提醒和阻止自己。

四、多使用對立分析法。尤其是對於自尊心較強、負面情緒累積較多的衝動者來講，衝動時給自己三秒鐘的暫停時間，多想想對方為什麼會這樣對自己，事實究竟是否是自己所理解的那樣等，嘗試站在對方的立場上思考問題，而不是放任自身的主觀情緒去感受。

總而言之，作為一種行為和情緒，衝動本身沒有錯，衝動個性的改變也不可能是一蹴而就的，而是反覆的、曲折的。但只要人們堅持自控和不斷的自我訓練，人們遇事一定會越來越冷靜、理性，直至成功克制抑或擺脫衝動。

04

自卑：大家都比我優秀

關於自卑的表現，恰如奧地利著名精神病學家、心理學家阿德勒所說的那樣：「我們很難假定一個帶有強烈自卑感的個體，會是個看起來柔順、平靜、自製並且和善的人。」

說起自卑，佳佳深有感受。她的家鄉交通閉塞，是縣裡有名的「窮鄉」。從小佳佳就發誓，自己一定要用功讀書，考上大學，最後留在大城市工作，不能再像父輩那樣整日辛苦勞作，生活卻依然充滿許許多多的辛酸苦楚了。

佳佳很聰明，又踏實刻苦，幾經奮鬥後，她成功考取了臺北一所知名大學。入學後，她以為自己終於可以擺脫身上窮困、貧苦的鄉下人影子，和新同學們一起意氣風發地享受在首都的美好大學生活，但緊張、忙碌的新生活動結束後，佳佳很快發現，現實並不像自己想像的那般美好。

大一的課程安排張弛有度，閒暇時間室友們喜歡相約著去逛街、吃飯、購物、看電影。佳佳和她們一起去過幾次後，再遇到這些事都推託掉了。慢慢地，室友們便以為她太過孤立、自我，有什麼活動也都不願叫上她。她們不知道的是，佳佳看著室友們逛街吃飯，毫不猶豫地掏錢揮霍時，心裡又難過又憤怒又窘迫，但更多的卻是自卑。

也就是從那時開始，佳佳明白了，儘管她們同為大學生，但自己和那些自幼生長在大城市的同學們不一樣，自己的言談舉止、家庭收入、消費水準、眼界見識都遠遠低於她們。她們都比自己優秀，自己也沒有任何資本和她們一起玩樂、交朋友。於是，佳佳一改開學時的樂觀大方，若非同學問起，很少主動與她們交談，總是低著頭走路，上課也坐在最後一排的角落裡，站起來回答問題時也畏首畏尾，極不自信，生怕自己答錯了被大家笑話。

除此之外，佳佳喜歡班上一位名為阿凱的男生。此人長相並不屬於特別帥氣的類型，但為人非常熱情，說話溫柔，讀書也非常認真。每次佳佳去圖書館看書都能看到他，好幾次，阿凱遠遠地朝著佳佳揮手示意，但佳佳每次都是紅著臉匆忙逃走，心裡還想著：「他怎麼會認識我呢，怎麼可能主動和我這樣的人打招呼呢？可能是看錯人了吧。」佳佳總是悄悄地關注阿凱的IG，了解阿凱的生活動態，但正是因為這種自卑心理，直到大學畢業她都沒能鼓起勇氣和阿凱說幾句話，更不用說深入接觸、談戀愛了。

在心理學中，自卑是指個體在和他人日常相處和交往過程中，缺乏對自我和他人的正確認識，過於肯定他人的優點，低估自己的能力，難以看到自我價值，由此衍生出內向、孤僻、憂鬱、自責、敏感、自戀、不安等諸多不良情緒反應，嚴重者甚至會悲觀厭世，對自我、他人以及生活喪失希望，產生輕生的念頭。

關於自卑的表現，恰如奧地利著名精神病學家、心理學家阿德勒所說的那樣：「我們很難假定一個帶有強烈自卑感的個體，會是個看起來柔順、平靜、自製並且和善的人。」但作為一種自我否定的情緒體驗，人們在面對自卑時，都有自己獨特的表現方式，並非全都如上文故事中的佳佳那樣直觀地表現出自己內心真實的敏感和怯懦。

比如：言情小說裡霸道總裁看似狂傲、自信、專制、冷漠，但細究之下也會有不為人知的、隱藏的自卑感存在；比如：小芹愛面子，十分在意別人的看法，哪怕是別人無意間指出她穿黑色衣服不好看，她也會記在心裡，從此不再穿戴任何黑色的衣服、飾品；比如：某人與朋友外出聚餐時，害怕點菜以及受到他人關注等等。

對於大多數自卑者而言，如若不是忍到自我承受的極限，他們的攻擊信號鮮少對外釋放，更多的是在其內心中悄然地完成轉變。而他們自卑心理的形成，除了因對自我缺乏正確認知之外，還和個體的家庭經濟因素、社會文化因素、個人性格特點及成長經歷有著密切連繫。因此，要想有效克服自卑心理，可以嘗試從以下四個方面著手：

一、全面、辯證、客觀地看待自我和他人，明白每個人都不可能十全十美。嘗試著和親人、老師或者諮商心理師等自己較為信任的人進行一次深入的交談，準確了解自己在他人眼中的形象、能力及性格特點，對自己有一個正確的定位；如果感覺還是沒有勇氣這樣做，可以先行藉助紙和筆，將自己的興趣愛好、能力特長以及弱點全部羅列出來，不錯過任何細微之處，然後逐一對比分析，肯定、發揚自己的優勢並學會接受自身存在的弱點和不足之處。

二、合理利用心理補償機制，潛心努力，以某方面的成就來補償造成個體自卑心理的缺陷。比如：國外某著名主持人曾為自己的肥胖而自卑，她上學期間時常疑心同學們會在暗地裡嘲笑她肥胖的身軀跑步的樣子太難看，因而不敢上體育課，不敢穿裙子，甚至差點因為不敢參加體育長跑測試而無法畢業。但是當她潛心學習，藉助課業上的成就補償身材上的自卑時，她獲得了成功，成為一個完全憑藉自身才氣和幽默機智走進電視臺的主持人，被萬千電視觀眾所喜愛。

三、最重要的是要勇於承認自己內心的自卑。對於很多人來說，他們可能會藉助各種手段以期讓自己變得更自信一點，但出於愛面子、羞恥感等因素，難以辨識和承認自己自卑的心理弱點。如果我們不能首先接受自卑，其他方法只能是治標不治本，並不能幫助我們徹底克服自卑。

四、還可以透過增加社交、在教室裡嘗試靠前坐、練習當眾發言、直視他人眼睛、昂首挺胸闊步走路等方式逐步增加自信。

總而言之，每個人都是大自然獨一無二的創造物，都有其獨特的存在意義。當我們出現自卑心理時，我們要勇於化阻力為動力，磨礪心智，最終收穫自信和成功。

05

攀比：人比人，氣死人

所謂攀比心理，是指個體不顧自身的實際情況和生活條件，主動或被動地在智力、經濟、交際等方面進行比較（比較雙方多處於同等生活條件或能力範圍內，或比較對象某方面強於個體自身），並且希望在某方面超越對方的一種心理狀態。

雅靜雖然是個女孩，但小時候非常調皮好動，喜歡惡作劇和捉弄同學，因此經常被老師點名責備。每次學期結束，母親看到老師在她的成績單背後填寫的評語時，都會唉聲嘆氣道：「你看看鄰居王阿姨家的曉麗，人家和妳一樣大，每次都考第一名，老師經常拿她作為班上同學的榜樣，同學們也喜歡和她玩，她在家裡還經常幫父母做家事，妳呢？」每當這個時候，雅靜總是低頭沉默不語。

整個青少年時期，雅靜都是在和隔壁鄰居曉麗的比較中度過的。直到學測那年，曉麗發揮失常選擇重考，雅靜超常發揮考取縣內一所國立大學，母親才終於不再將曉麗作為雅靜生活和學習的標杆。

但這並不意味著雅靜徹底擺脫了這種比較。大學期間，舅舅家打工留學的表哥是母親時常在雅靜耳邊絮叨的主角。參加工作後，母親從比較課業成績和學業成就，轉為比較工作、薪資、房子、車子、男朋友等各個方面。縱使雅靜如何假裝滿不在乎，但在母親日復一日的絮叨和比較中，她慢慢也喜歡上了和周圍的朋友進行比較。假如她優於對方，她的內心會產生很大的滿足感和成就感；假如對方超過了自己，那麼那段時間她的情緒就會變得特別急躁和焦慮。

相信很多人都曾有過被父母用別人家的孩子與自己比較的經歷。這個「別人家的孩子」，可能是隔壁鄰居家的哥哥姐姐或者同齡人，可能是叔伯姑舅姨乃至父母同事朋友家的孩子，也可能是電視裡、雜誌上、故事中的某個人。更重要的是，他們並不是被父母用來比較的固定對象，而是隨著其教育的目的、期望的目標而不斷發生著變化，被比較者則永遠處於劣勢地位，自尊心和自信心無形中受到傷害。父母的攀比心理會傳遞給孩子，讓孩子陷入同樣的煩惱和痛苦當中。

所謂攀比心理，是指個體不顧自身的實際情況和生活條件，主動或被動地在智力、經濟、交際等方面進行比較（比較雙方多處於同等生活條件或能力範圍內，或比較對象某方面強於個體自身），並且希望在某方面超越對方的一種心理狀態。誠然，攀比心理會讓不甘落後的人更加努力、不斷進步，取得更出色的成就。但對於大多數普通人來講，無處不在的攀比會使一些人的觀念和價值觀發生改變，並使他們深陷攀比的泥潭中無法自拔，甚至為了超越別人而不惜採用搶劫、勒索等犯罪手段；有些人則難以肯定和認可自己，變得更加自卑、焦慮和痛苦；有些人會變得憤世嫉俗，喪失公平感，產生仇富、妒強等消極心理，更有甚者，他們會在過度攀比後選擇自我逃避和放棄，不求上進，幻想天上掉餡餅，最終一事無成。

此外，正如俗語所說的：「人比人，氣死人。」攀比會影響和損害個人的心理健康。那麼，對於主動或被動與他人攀比的人而言，應當如何面對並克服攀比的心理弱點呢？

一、明確攀比心理產生的主要原因。心理學家研究認為，攀比心理的起因通常包括家庭因素、教育經歷、自身個性以及嫉妒貪婪心理幾方面的因素。其中，本文開頭故事中的人物「雅靜」就是因為母親不斷將自己和鄰居家的孩子進行比較而產生了攀比心理。

比如：電視劇《知否》中，墨蘭和明蘭同為庶女，不同的是，明蘭自幼喪母，因堅強乖巧和可憐的身世被祖母收養；而墨蘭因為母親林姨娘備受寵愛，父親也很喜歡她，於是她每日沉浸於父母的寵愛和偏袒中，逐漸變得虛偽又自私，她時常在明蘭面前炫耀和作威作福，但又忍不住羨慕嫡女華蘭婚嫁對象的家世地位，又嫉妒明蘭在祖母處得到的寵愛。這種矛盾心理使得她經常不由自主地拿自己和明蘭的長相、吃穿用度、行為舉止做比較，並為此多番惱羞成怒，做出一些傷害明蘭的事情來。

但對於墨蘭而言，她永遠看不到自己在父母親雙重愛護下成長起來的幸福美好，也看不到明蘭失去母親庇護，又不受父親重視，只能依託於祖母，在家中辛苦周旋背後的無奈和酸楚。她只盯著祖母對明蘭的寵愛和對自己的輕視。她的攀比心理和痛苦就來源於她的嫉妒和貪婪。

二、眼睛常向內看，關注自我的情緒狀態，多與自己進行縱向比較，肯定自我不同階段的努力與成就，而不是緊盯著他人進行橫向比較。比如：南美洲原始森林裡有一種鳥，體長不過五六公分，但建造的巢穴往往比自己的身體大幾倍或者十幾倍。專家們經研究後發現，牠們這樣做的原因是，在築巢過程中，牠們不停地和周圍的其他鳥較勁，相互攀比誰的巢穴築得更大，即使雙方累得疲憊不堪，也不願停下，直到其中一方累死。但如果此時存活的鳥重新找到比較對象，牠就會不顧已經透支的身體繼續擴建巢穴。

如果這些小鳥能夠在築造巢穴的過程中懂得滿足，或者及時意識到自己已經疲憊不堪的身心狀態，而不是一味和周圍的其他鳥進行攀比，也不至於付出生命的代價。

三、樹立清晰的個人奮鬥目標。儘管人們產生攀比心理的原因是多種多樣的，但歸結為一點，都可以看作是缺乏清晰明確的目標。正是因為不知道自己追求的究竟是什麼，所以才會主動或被動地以他人作為參照，以此來證明自己存在的價值。

四、將目光放長遠一點，培養並保持輕鬆、平和的心態。細細想來，生活對每個人都是公平的，每個人都有自己的幸福溫暖和煩心苦難，你羨慕別人的時候，也有人在羨慕你。只要看清楚這一點，懂得從自身的平淡生活中感受樂趣與幸福，保持良好的心態，你就會發現自己其實比自己想像中要幸福得多。總而言之，人只有短短一生的時間，與其將自身的精力、時間耗費在和他人的攀比中，裹足不前，不如嘗試著依照文中講述的方法，拋下攀比心，讓未來的人生路更自在、平坦一點！

06

虛榮：我就是要過得比你好

虛榮是指個體極為注重個人的榮耀和表面的風光，期望藉此取得某種榮譽和贏得他人的欣賞與尊敬，從而表現出的一種不正常的社會情感。

心理學家通常將虛榮看作是個體自尊心的過分表現，是個體為了保護自己的自尊心而採取的一種虛假方式。

程野和小萌是一對戀人。週末，兩人約著一起去逛街。經過某家知名首飾店鋪時，小萌盯著櫥窗裡模特兒脖子上戴著的項鍊羨慕不已，看著女朋友如此渴望的眼神，程野只能尷尬而窘迫地摸摸自己空空如也的口袋，然後拉著小萌快速離去。

一個月後是小萌的生日。儘管沒能力為小萌購買上次看到的那條項鍊，但程野還是花掉了利用業餘時間辛苦兼職賺來的錢為小萌買了一對小小的金耳釘。當晚的生日慶祝宴上，當他興高采烈地將耳釘放進小萌手裡，並準備為她戴上時，小萌非但沒有一點驚喜和感動，反而在非常敷衍地表示了感謝後，迅速將耳釘收了起來。她的朋友們也在旁邊打趣道：「早就聽說小萌男朋友帥氣又樸素，沒想到真是一點都沒有誇張，果然好帥，好樸素啊！哈哈哈！」小萌和程野兩人都面紅耳赤，只想趕緊逃離這裡。

此後不久，小萌就向程野提出了分手。當程野激動地追問原因時，小萌冷笑道：「我和你在一起是因為我愛你，但我不想每天和你過這種窮酸的生活。每次朋友們向我炫耀她們的男朋友送了最新款的iPhone給她們、十克拉的鑽戒、LV的包包時，我都只能沉默。你知道我有多難堪嗎？」程野：「妳相信我，再等等，我一定也會努力讓妳過上好日子的。」小萌：「我等不了了。我想和朋友們一樣隨心所欲地購買自己喜歡的東西，而不是趴在櫥窗前羨慕地望著。只要有這樣一個男人出現，無所謂愛或者不愛，只要有錢，滿足我所有的虛榮就行。」

作為人類的心理弱點之一，儘管虛榮的人一定會產生攀比心理，但並不意味著攀比就必然會導致虛榮心理的產生。具體而言，攀比是指個體不顧實際情況，和對方進行比較並希望超越對方的一種心理狀態。這裡強調的是比較和希望超越，但這種希望往往僅僅停留在想像中，更多的是自怨自艾，不一定會付諸實際行動。虛榮則是指個體極為注重個人的榮耀和表面的風光，期望藉此取得某種榮譽和贏得他人的欣賞與尊敬，從而表現出的一種不正常的社會情感。心理學家通常將虛榮看作是個體自尊心的過分表現，是個體為了保護自己的自尊心而採取的一種虛假方式。具體表現為：

第一，過於強調面子上好看，不顧現實條件，不惜打腫臉充胖子，也要在超越他人和自我滿足中獲取精神快感。比如：有這樣一個故事：

隋煬帝時期，各藩國首領齊聚洛陽城內。時值正月十五，隋煬帝下令在端門街舉辦為期一個月的戲曲演出和雜耍表演，以示慶祝之意。此後一個月內，端午街內燈火通明，鑼鼓喧天，樂曲聲傳至十里之外，上至達官顯貴和藩國首領，下至普通老百姓，全都爭相前往觀看演出，摩肩接踵，好一番盛世景象。

見此情形，各藩國首領紛紛請求隋煬帝批准本國商人前往洛陽城內做買賣。隋煬帝不僅十分爽快地答應了這一請求，而且還下令要求洛陽城內主街道上的所有店鋪都進行統一整改和裝修：店鋪內必須掛滿帷帳，隨意又不刻意地擺滿各種珍貴貨物；夥計們必須穿上華麗的服裝；就連站在大街上販賣豬肉、草鞋的貧民也要用龍鬚席鋪地而坐。

更誇張的是，不管前來的各藩國商人進入哪家飯館或旅店，店鋪老闆都應當恭恭敬敬地請其入座，然後免費招待他們吃喝玩樂和住宿，直到對方滿意而歸。假如有人對此表示疑惑，則需回答道：「中國自古以來富饒豐裕，人人皆有飯吃，有房住，因此吃飯和住宿都是免費的。」於是，各藩國商人皆驚嘆不已。

恰在此時，路邊有一群身著破衣爛衫的乞丐結伴而過。藩國商人疑惑道：「為什麼街邊的樹上都纏滿了絲綢，這些人卻骨瘦如柴，衣不蔽體？難道他們還不如這些樹嗎？」此言一出，隨行陪同的官員和店家都無言以對，低頭默不作聲。

第二，過分看重他人的評價，有強烈的自尊心、自卑感、嫉妒心、占有欲以及不平衡心理。上文中，隋煬帝的虛榮心在於希望藉助在洛陽城內營造一種國泰民安的盛世景象，來使各藩國首領臣服和證明自己治國有方。同樣地，而小萌表面上看是和朋友們進行攀比，但究其根本仍然是虛榮心過強，只因自己和男朋友的經濟實力無法支撐其渴望的奢華的生活，便打算透過找個有錢的男友的方式維護自己在朋友面前扭曲的自尊心。

由此可見，無論古今內外，上至皇帝下至平民百姓，都不可避免地抱有虛榮心。那麼，人們應當如何正確地控制和駕馭這種虛榮心，避免讓其造成更大的危害呢？可以嘗試從以下幾個方面做起：

一、充分了解虛榮的危害。明白虛榮只能獲得一時的心理滿足，長期愛慕虛榮輕則使人外強中乾，背負難言的痛苦和心酸，給自己帶來沉重的心理和經濟負擔；重則導致道德的淪喪，甚至不惜滑向罪惡的深淵。只有充分了解虛榮帶來的不良後果和危害，才能採取有效方法克服乃至擺脫虛榮心理。

比如：寧寧大學畢業後面臨兩份工作選擇，一份是父母喜歡，說出去也特別有面子的大企業員工；一份是加入某個團隊，成為創業者。寧寧非常清楚自己內心更傾向於選擇加入創業團隊，但還是在虛榮心的驅使下選擇成為一名大企業員工。

進入大企業後，她很不適應這種刻板的、階層劃分明顯的工作環境，經常向父母朋友訴苦，但每次他們都會說：「這麼好的工作，別人爭著搶著要來，妳還有什麼不滿足的。」再加上外出辦事時，別人得知她來自大企業，有意無意地追捧，她總是無法下定決心辭職，但看到原先創業團隊的夥伴們在社群網站裡意氣風發的模樣，她心裡又覺得很難過。慢慢地，她感覺自己一方面非常享受就職大企業帶來的高地位、高福利，一方面又十分嚮往創業團隊可以得到的自由瀟脫，整個人在這種矛盾中變得特別焦慮和憂鬱。

二、正確區分「虛榮」和「真榮」。諸事都有虛有實，關於虛榮，朱德庸先生曾經在其漫畫著作中有過一段十分貼切的描寫：「有一種人，他穿時尚的衣服是為了讓別人看，他開的車也是為了讓別人看，他裝修的房子也是為了讓別人看，他所從事的工作也是為了讓別人看，他的孩子送名校也是為了讓別人看，他一切的一切都是為了展現給別人看自己的品味或成績或格調，所思所想都以他人眼光作為唯一標準，這種人我稱之為『櫥窗人』。」

那麼，什麼才是真正的榮譽呢？顧名思義，榮譽就是憑藉自己的能力、品德、人格和價值觀等獲得自我與他人的認可。虛榮容易讓人墮落，只要努力追求真正的榮譽，不論成敗都會獲得他人誠摯的尊敬。

三、擺脫從眾心理的負面效應，從自己的實際出發考慮問題。對於很大一部分虛榮者而言，如果看到他人擁有一樣東西，自己卻沒有，內心就會產生一種被拋棄的不安全感。因此，虛榮者不顧個人實際，盲目地追逐別人的腳步，最終往往不堪重負，內心崩潰。

四、加強自我修養，分清自尊心和虛榮心的界限。只有不斷加強自我修養，培養高尚的道德情操，個體才能更積極全面地看待自己，面對虛榮時也能有更強的定力和自制力，而不是輕易被虛榮所誘惑。

07

占便宜：免費的不要白不要

心理學相關研究顯示，愛貪小便宜的人，大多是由於在童年或幼年時期缺乏父母的關心、信任、尊重和指導，內心匱乏感和不安全感較為嚴重，進而使得他們在成年後藉助於貪小便宜、貶損他人等行為獲得內心的滿足感。

小朱是一名保潔員。今年年初，她被主管調到一家社區活動中心上班。按照公司規定，每天除了按時打掃活動中心走廊區域衛生並進行及時維護外，她還需要負責活動中心二樓男女洗手間的清潔和保障工作。

一個月過去，小朱發現女廁所的擦手紙和衛生紙總是用得特別快，尤其是中心每週舉辦固定活動那幾天，不到中午就會把原計劃供應一天的衛生紙用完。反觀男廁所，有時候放進去一捲衛生紙，可能兩天都不需要再更換。

困惑之餘，小朱開始趁著工作間隙留心觀察女廁所。這一看，真的讓她找到了衛生紙消耗特別快的原因。原來，前來參加活動的人大多數是居住在附近的中老年人，她們中有些人看到衛生紙是免費供應的，使用起來就毫不在乎，毫不心疼。比如：有些人只是簡單擦一下手，卻故意撕下好長一節衛生紙，然後不管是否使用完，都隨意丟棄在垃圾桶裡；有些人還會扯下一部分衛生紙，揣進口袋或手提包裡。在其他人勸阻她們不要這樣浪費或帶走時，她們還用漫不經心的口氣說道：「反正這是公家免費供應的，用完了還會再續上。妳傻啊，不用白不用，不拿白不拿。」

回顧現實生活，像上述故事中愛貪小便宜的人比比皆是。比如：大量撕拿超市購物袋、利用可乘之機逃票、輕信商家免費贈送的促銷手段、出差順走飯店的浴巾甚至床單被罩等。對於愛占便宜的人來講，被占便宜的對象可以是公家，也可以是超市、業務、親戚以及朋友等其他任何對象。

在很長一段時間內，華人普遍被國際上看作是愛占便宜的人。但很明顯這是一種偏見。不是說華人就愛占便宜，外國人不愛；中老年人愛占便宜，年輕人不愛；女人愛占便宜，男人不愛。嚴格來講，愛占便宜是一種個人行為和一種心理弱點，並沒有明顯的群體界線。但不可否認的是，愛占便宜的人都不約而同地「秉持」著一個相同的信念——免費的東西不要白不要，有便宜不占是傻子。

那麼，人們在日常生活中應當如何有效控制和消除自己喜歡貪小便宜的心理弱點呢？

一、不要相信天上會掉餡餅。有些人在貪小便宜後，會揚揚得意，暗自竊喜自己「賺到了」。但天下不僅沒有白吃的午餐，更不可能會無緣無故掉餡餅。許多商家、騙子甚至傳銷組織者正是利用了人們的這種心理，精心編織謊言，才能使用非常拙劣和低級的手段騙人錢財，誘人上當。

比如：雅玲和老公晚上一起到公園散步。雅玲突然感到有些口渴，她和老公走到路邊雜貨店購買了兩瓶飲料和一些零食，共一百三十塊錢。雅玲掏出兩百元遞給雜貨店老闆，老闆接住後為難地撓撓頭說：「呦，兩百啊。沒零錢嗎？」雅玲：「出門散步就拿了這一張錢。」老闆故作大方道：「好吧。我這裡零錢也不是很多，給妳湊湊。」

隨後，雜貨店老闆遞給雅玲一堆零錢。雅玲數了之後便慌忙拉著老公快步離開，老公一臉茫然。直到遠離雜貨店後，雅玲才小聲興奮地說道：「燈光太暗，他好像錯把一枚五十元當成十元的找給我們了。他應該找我們七十元的，但現在給了我們一百一十元。」老公說：「不可能吧，妳再仔細看看。」雅玲掏出錢遞給他：「我數得清清楚，你還不相信我。」老公謹慎道：「經常做生意的人不可能犯這種低級錯誤。」

他邊說邊走到路燈下，高舉著錢仔細辨別道：「早告訴妳不要貪小便宜。妳再認真看看，這兩枚五十元都是假的！」雅玲頓時又憤怒又羞愧，只能自認倒楣。

二、心理學相關研究顯示，愛貪小便宜的人，大多是由於在童年或幼年時期缺乏父母的關心、信任、尊重和指導，內心匱乏感和不安全感較為嚴重，進而使得他們在成年後藉助於貪小便宜、貶損他人等行為獲得內心的滿足感。

因此，基於這樣的心理背景，愛占便宜的人在面對外界的誘惑時，一定要盡量保持理性，多分析自己內心的真正想法，多和他人進行溝通和交流，多聽取和參考他人的意見與建議，多問自己一些諸如「我真的需要嗎」、「為什麼同樣的東西，它這麼便宜」、「既然素不相識，他憑什麼送給我免費體驗」等問題，不能被所謂的「便宜」沖昏頭腦。

三、運用自我暗示，多想想貪小便宜的壞處以及周圍的人對愛貪小便宜的人的鄙夷態度，從心理上建立一道自製的防線。完成這一步之後，可以再進一步透過自我約束、自我激勵和他人提醒相結合的方式，每成功克服一次貪小便宜的衝動，就用美食、漂亮衣服等喜歡的東西來獎勵自己，進行自我控制和調節。

此外，儘管愛占便宜的人可以運用上述方法努力控制和克服自己的心理弱點，但由於這種心理弱點是自小養成的，同時又是難以自我察覺的，它的改變過程有較大的反覆性，一不留神就會「舊病復發」。假如日常生活中遇到愛占便宜的人，尤其是需要與其進行長期接觸和交往時，人們除了要給予其一定的理解外，還可以透過委婉提醒、適當遠離、勇敢拒絕等方式進行應對，避免一味忍讓或過激處理帶來的不良後果。

總而言之，愛貪小便宜的人大多心胸狹窄，逢人遇事目光短淺，總是斤斤計較。短期來看，他們似乎獲得了很多好處，但長此以往，很容易引起周圍人的警惕和反感，不利於人際關係的維繫和個人事業的發展。因此，愛貪小便宜的人需要思考如何克服自身的這種心理弱點並付諸行動；被他人貪小便宜的人則需要注意避免自己成為縱容他人貪小便宜的受害者和幫凶。

08

暴躁：智慧的敵人

儘管暴躁的人常用「我自己心裡也明白，但情緒爆發時就是控制不住」作為理由來拒絕做出改變，但他們仍然需要清楚並引起重視的是：除了自己的父母子女，世界上少有人會長時間地理解和容忍自己的暴躁。那麼，改變是必需的。

最近瀏覽網路時，我分別看到了兩篇文章。儘管發布在不同的網站上，但它們的主題卻都是向網友求助——遇到脾氣太暴躁的男朋友，是該果斷離開還是繼續忍耐？

第一個網友小滿寫道：

「前幾天，男朋友買回來八顆芒果，隨後他就出差忙工作去了。回來後他發現我把芒果都吃完了，當時臉色就變得特別不好。沒過幾天，我們又一起買了西瓜和芒果回來，因為我特別喜歡吃水果，當時就將西瓜切成兩半，抱著其中一半用勺子挖著吃。

這樣看起來似乎一切都很正常，對不對？但就在我邊看電視劇邊吃西瓜時，男朋友突然走過來奪走我手中的勺子和西瓜，不允許我繼續吃。我心裡又疑惑又生氣，一邊詢問他為什麼不許我再吃，一邊試圖從他手中將勺子和西瓜拿回來。但男朋友始終都是一聲不吭地拒絕。

如此反覆幾次後，當我又一次想要拿走西瓜時，男朋友突然站起來，情緒特別激動地將半顆西瓜按在我的臉上來回摩擦，嘴裡還不停吼道：『讓妳吃，我讓妳吃。』那一瞬間，我整個人都快嚇暈了。」

第二個網友蕭然寫道：

「下午我們約好一起去市區運動中心的游泳池游泳，但因為我從來沒有去過那裡，對於具體方位以及周邊環境什麼的都不是很熟悉，於是我先是傳訊息問『在哪個門口會合？』他回覆告訴我說自己已經進入游泳池裡面了，讓我直接進去找他。在我表示自己不知道怎麼從門口走到游泳池後，他最終告訴我說『運動中心東門，進門右手邊直走就是游泳池。』

隨後我叫車前往，並依照他告訴我的路線進去游泳池。當我打電話告知他自己的位置後，電話那端的他立刻大吼道：『不是說好讓妳在運動中心東門等我的嘛！妳為什麼要擅自進去游泳池？妳是不認識字還是聽不懂人話？』我內心十分委屈道：『明明是你剛才說在游泳館會合的啊！』他繼續暴躁道：『每次都是這樣，和妳約會一次怎麼就這麼麻煩呢！我都等妳多久了，妳還好意思哭，煩死了！』」

正如小滿和蕭然在文章中所描述的那樣，暴躁型的人表現為，遇事容易著急、衝動，難以控制自己的情緒，同時藉助激烈的語言和肢體動作來表達內心的不滿和憤怒。比如：小滿男朋友將西瓜按在小滿臉上進行摩擦，同時伴隨有發洩性的語言暴力。

對於容易暴躁的人而言，他們可能在日常生活中的大多數時候都是溫和的、溫柔的、親切的；但是，一旦身邊的人或事不小心觸發了他們情緒的某個點，他們可以瞬間轉變為另外一個人，發怒、摔砸東西、罵人，乃至做出傷人等更加過激的舉動。而這個情緒觸發的點，每個人都不一樣，且無處不在。

與此同時，暴躁的人發脾氣的對象除了自己的親人、朋友、戀人之外，還可能是同事、合作夥伴，乃至陌生人。只不過有些人可能在親人面前爆發得更加猛烈一點，面對同事或者陌生人時會較為克制一點；有些人則屬於不管不顧型，只要觸發了他那個暴躁的點，不管對方是誰都沒用。

儘管暴躁的人常用「我自己心裡也明白，但情緒爆發時就是控制不住」作為理由來拒絕做出改變，但他們仍然需要清楚並引起重視的是：除了自己的父母子女，世界上少有人會長時間地理解和容忍自己的暴躁。那麼，改變是必需的。要想改變這種現狀，有效控制自己的暴躁情緒，克服暴躁的心理弱點，我們可以藉助如下方法：

一、找到容易使自己暴怒的關鍵點，對症下藥。正如上文所說，觸發每個人產生暴躁情緒的關鍵點都不一樣。有些人可能像小滿的男朋友一樣沒辦法忍受別人（即使是女朋友）擅自吃自己購買的水果，有些人可能像蕭然的男朋友一樣無法忍受對方不按自己要求的去做，有些人可能不喜歡別人一直嘮叨自己，有些人可能聽不得對方反對自己，有些人可能內心積攢了太多的憤怒，因此哪怕一盤菜放了太多辣椒這點小事，也能輕而易舉地讓他的內心暴躁起來。因此，只有藉助自我反思或專業的心理諮商等方式，找到導致自己內心暴怒的關鍵點，才能對症下藥，更好地調節我們的暴躁情緒。

二、做個全身健康體檢，調整飲食結構。中醫學認為，當個體肝火旺盛或者內分泌失調時，稍有不順心就容易脾氣暴躁，對人發火。比如：處於更年期的母親和處於青春期的女兒，如果剛好碰在一起，可謂是炸彈遇火藥，威力四射。此外，心理學相關研究也顯示：脾氣暴躁不僅會誘發心臟病，而且會增加高血壓、心肌梗塞等其他臨床疾病的發生率。

因此，當我們意識到自己某個時期突然變得暴躁易怒時，可以先去醫院做個全身健康體檢或找中醫進行調理，然後結合清淡飲食、適度運動等方式促進身心的和諧健康發展。

三、巧用自我暗示法，增強自我調節情緒的能力。當我們按照上文方法找到自己容易暴躁的關鍵點以後，就需要有意識地觀察自我的情緒變化，並在察覺到情緒即將轉化為暴躁時，及時藉助深呼吸、轉移注意力、自我暗示等方法，將暴躁情緒從源頭上進行控制和疏導，最終達到克服暴躁弱點的目的。

四、多做修身養性之事，學會寬容。寬容，不僅是寬容他人，還包括寬容自己，接納自己和他人的不完美（包括愚笨、犯錯、目光短淺等）。只要學會了用寬容的眼光去看待自己和他人，自然能夠用一顆平和、溫柔的心去對待身邊一切的人和事，暴躁也就無從談起了。

總體而言，暴躁的情緒傷人且不利己。與其讓身邊人因為自己的暴躁情緒受到傷害，感覺心痛、迷茫和矛盾，甚至不惜遠離自己，我們不如從了解觸發自身暴躁情緒的關鍵點開始，和身邊的人進行深入的溝通，一起努力克服暴躁這一心理弱點，共享美好的生活。

09

自負：過度膨脹的自信

所謂自負，是指某人過高地估計自己的能力，失去自知之明，變得盲目自大。也可以說，自負就是當事人過度膨脹的自信。每個人的自負都有其獨特的形成方式和表現形式。

電視劇《武林外傳》裡有一集講的是：本來負責做飯的李大嘴一連幾天都早出晚歸，還總是鎖著廚房，把佟掌櫃、郭芙蓉等人餓得頭暈眼花。情急之下，大家想辦法打開廚房，卻發現裡面堆滿了練武的器具。

白展堂跟隨李大嘴上山探查，隨後發現李大嘴不知何時練得一手好武功，能一巴掌就將青石板拍成粉末。得知真相的眾人非常疑惑，但又從李大嘴口中盤問不出什麼。不但如此，李大嘴還十分囂張地要向眾人現場演示自己的巴掌是如何厲害，揚言要幫秀才收拾燕小六，要和郭芙蓉、白展堂一決高下，要離開這裡，闖蕩江湖……

所謂自負，是指某人過高地估計自己的能力，失去自知之明，變得盲目自大。也可以說，自負就是當事人過度膨脹的自信。

一般而言，自負的人主要分為兩種：一種是從出生開始就擁有傲人的家世、出眾的相貌、聰明的頭腦，或者經過自己的打拚與努力擁有超越大多數人的權力、財富的人，在來自他人的讚美和恭維聲中，他們往往容易自視甚高，進而給人留下自負的印象。

另一種是腦海中有許多宏偉的夢想，卻缺乏付諸努力的強大毅力和決心的人，他們容易放棄，害怕吃苦，時常沉溺於虛幻的滿足感中，固執己見，內心卻極度自卑，但一旦意識到自己某方面強於他人時，又會瞬間內心膨脹，透過抬高自己來貶低他人，以此滿足自己虛弱的自尊心。

電視劇中，李大嘴彷彿是我們身邊每一個普通人的縮影。他善良，沒錢又摳門，喜歡吹牛，腦子一根筋，拖拖拉拉，假仗義，還開不起玩笑。毫無疑問，在其他幾個有背景、有能力的夥伴面前，李大嘴是自卑的。因此，當他遇到號稱武林高手的師父，並在「師父」的精心布局下，誤以為自己學到了「降龍十八掌」（實則是師父巧妙利用諧音欺騙他的「降龍十巴掌」）這等蓋世神功，並認為自己終於有能力和其他人叫板、抗衡時，他開始走向自卑的反面——變得極度自負。

總之，每個人的自負都有其獨特的形成方式和表現形式。但除了這些不同之外，自負的人都具備如下相同的特徵：固執己見，喜歡將自己的觀點強加於人，嫉妒心較強，羞於低頭認錯，過度防衛，害怕暴露自我缺陷，缺乏自我批評的精神，難以和他人建立心理連接、產生心理共鳴等。

因此，自負者要想戰勝自負這個心理弱點，需要從以下幾個方面做起：

一、學會接受他人的批評。精神分析學家南西・麥克威廉姆斯（Nancy McWilliams）認為，「自負者最害怕突然間喪失自尊，有時候他們會覺得自己一無是處，丟棄一貫的自命不凡。為了維護自戀性完美的形象，他們會有隱晦的迴避表現」。但自負者需要明白，每個人都不是完美的個體，即使取得再輝煌的個人成就的人，也會有自己的缺點和不足之處。而即使看起來再失敗、愚笨的人，也總會在某個方面優於他人，在某一時刻可以給予他人提醒和指導。

只有學會接受批評，嘗試改變自己強硬的態度，不再害怕暴露自己的脆弱、不完美和失敗，才能透過吸收他人提出的正確觀點來逐步改變自我固執己見、傲慢自大的形象。

二、全面提高自我認知。要想有效克服自負這個心理弱點，培養更成熟的心理狀態，究其根本，還是需要人們全面提高對自我的認知。要既能夠看到自己的優點和長處，也能夠正視自身的缺點和不足，更重要的是能夠客觀理性地對待他人的優點和長處。只有這樣，我們才能獲得一種較為長期、穩定且適度的自信與自尊。

三、學會謙虛做人，謹慎做事。自負的人不懂得謙虛，認為自己「天下無敵」，不需要縮著腦袋低調做人，想做什麼就做什麼，反正你們都沒有資格來教訓我。因此，他們做起事情來很容易衝動行事，不計後果。

但不管是誰，尤其是自負的人，最應該學習的就是要謙虛做人，謹慎做事。不要像童話故事裡那隻挑釁獅子的蚊子一樣，以為自己戰勝了獅子就成了百獸之王，卻在高唱勝利凱歌，驕傲而歸時，被蜘蛛網黏住，成了蜘蛛美味的午餐。

正如一位作家所說的：「我所有的自負都來自我的自卑，所有的英雄氣概都來自於我內心的軟弱，所有的振振有詞都因為心中滿是懷疑。」願所有自負者，都能夠不再自卑，不再驕傲自大，不輕易因成功而膨脹，也不因失敗而氣餒，準確把握自負和自信的度，成為一個自信而不自負的人。

10

貪婪：索求無度的欲望

相關心理學研究顯示：造成人類出現貪婪這一心理弱點的原因，與遺傳基因無關，更多來自個體在後天社會環境中受病態文化（錯誤的價值觀念）、攀比心理、補償心理、功利心理、虛榮心理、僥倖心理以及行為的強化作用等方面的多重影響。

《漁夫和金魚的故事》是俄羅斯著名文學家普希金借用敘事詩形式寫成的童話故事。故事中，漁夫和他的老婆一起居住在海邊一座破舊的泥棚中，夫妻二人每日依靠撒網打魚和紡紗結線艱難地維持生計。

這天，漁夫一如既往地撒網捕魚，卻在接連兩次一無所獲後意外捕獲了一條會說話的金魚。作為將自己放生的條件，金魚許諾給漁夫豐厚的報酬。得知此事後，漁夫的老婆要求漁夫前去向金魚討要一個木盆，用來代替自己家那個已經破舊不堪的盆子。聽到漁夫提出的要求後，金魚回答道：「別難受，回去吧。你們很快會有一個新木盆。」

但是，當漁夫回到家後，他的老婆不僅沒有任何驚喜和感恩，反而將漁夫大罵一頓：「你這個老糊塗，老笨蛋。木盆能值幾個錢，你再回去向金魚要一座木房子。」無奈之下，漁夫只好再次返回海邊向金魚許願，這一次，金魚仍然滿口答應了他。

如果漁夫的老婆能夠就此知足，接下來的日子裡，她就能夠和漁夫在新房子裡用著新木盆，繼續清貧但幸福的生活。但是，當看到金魚真的擁有超能力，可以使自己的願望成真時，漁夫的老婆又接二連三地要求漁夫向金魚提出自己要做世襲的貴婦人、自由自在的女皇、海上的女霸王乃至金魚的主人等無理要求。最終，漁夫的老婆徹底失去金魚的信任，重新回到原先的破泥棚中，繼續和漁夫過著窮苦的生活。

對於漁夫的老婆而言，她的無休止的貪婪之心不僅沒有為她和漁夫換取更好的生活，反而在她提出的一個又一個無禮的要求中消磨了金魚對漁夫放生自己的感恩之心，最終金魚將漁夫夫妻二人變回最初的樣子後，徹底消失不見。如果說《漁夫和金魚的故事》告訴我們的是，追求好的生活沒有錯，但關鍵是要懂得適可而止，懂得克制自己的欲望，貪婪的結果必定是一無所獲。那麼，下文中「農夫買地」的故事則更進一步向人們揭示了貪婪的欲望永無止境，貪婪的人永遠難以感到滿足的真理。

相傳，有個農夫想要買一塊地，他偶然聽說另一個人恰好想要賣地，於是他經過多方打聽後，終於獲悉了賣地人的詳細地址。他孤身一人前往尋找，沒想到雙方見面後，賣地人非常爽快地對他說：「只要你交給我一萬塊錢，我給你一天的時間，只要你能在日落之前回到起點，凡是你走過的地方都將歸你所有；反之，你不僅得不到一寸土地，押金也一概不退。」

農夫稍做盤算後，非常高興地交付了一萬塊錢做押金，並和賣地人簽訂了買賣契約。第二天，太陽剛露出地平線，農夫就出發了。他一直大踏步地向前走，實在走得太累，想要回頭時，他就會在心中暗自鼓勵自己：「再堅持一下，走遠一點，買到的地就可以更大一點了，將來賺到的自然會更多。為了這些，現在累點都是值得的。」

農夫就這樣一直走啊走，總覺得自己走得還不夠遠，直到太陽快落山時，他才「戀戀不捨」地掉頭往起點方向走。但是，因為他走得實在太遠，返回時間又太晚，儘管他拚命奔跑，最終還是沒能趕在日落之前回到起點，並且累得昏倒在地還一無所得。

所謂貪婪，是指個體對「與自己的力量不相稱的某一目標過分的欲求」，是一種病態心理。心理學家研究指出，同人類正常的欲望相比較，貪婪者少有感到滿足的時候，反而是得到的愈多，貪婪之心也就越大。比如：從古至今被查處的諸多貪官，一旦有了第一次受賄，就會有第二次、第三次，並且一次比一次胃口大，直至東窗事發。

此外，相關心理學研究顯示：造成人類出現貪婪這一心理弱點的原因，與遺傳基因無關，更多來自個體在後天社會環境中受病態文化（錯誤的價值觀念）、攀比心理、補償心理、功利心理、虛榮心理、僥倖心理以及行為的強化作用等方面的多重影響。

因此，對於想要克服貪婪這個心理弱點的人而言，可以嘗試從以下幾方面做起：

一、學會知足。古語有云「人心不足蛇吞象」。對於貪婪的人而言，欲望是無窮無盡的。但正如故事中的漁夫和農夫一樣，沒有盡頭的欲望非但沒有給他們帶來期待中的幸福，反而使得他們在追逐欲望的途中丟失了更多更珍貴的東西。只有學會知足，常懷一顆珍惜和感恩之心，才能在面對欲望時更加坦蕩；在追逐欲望時更加明智；在放棄欲望時更加釋然。

第二，放棄僥倖心理，有意識地訓練和強化個人意志力。貪婪者在面對誘惑時，意志力通常較為薄弱，並且往往抱有很強的僥倖心理，認為自己不會輕易被他人發現，不會那麼「倒楣」。這種僥倖心理，往往使他們一錯再錯，最終一無所得。

第三，培養和樹立正確的人生觀、價值觀。換句話說，就是要學習做一個有理想、有道德、有情操的人，不僅要知足常樂，更要在強韌意志力的加持下，不輕易被物質所左右，不做貪婪欲望的奴隸。

總而言之，長路漫漫，每個人都會像漁夫和農民一樣在前進的路途中面臨各種各樣的欲望和誘惑，理智的人選擇克制，貪婪的人則容易沉迷其中，最終悔恨終生；但這並不可怕，只要掌握了上文中所講述的幾種方法，再結合樂觀的心態、自省的態度以及榜樣的力量等，貪婪的人必然能夠成功克服貪婪這個心理弱點，理智駕馭自己的欲望，獲得一個更加理性、幸福的人生。

11

懦弱：明知能做而不敢做

與其在頭腦中想像自己的勇敢，不如從細微處行動起來，變成真正勇敢的人。很多懦弱者都會時常在腦海中幻想自己如何反擊，如何勇敢，如何自信，但面對實際狀況時卻還是選擇退縮。任何事情都需要不斷地實踐，只有在行動中才能獲得真正的成長。

莉莉最近剛辭職，原因很簡單，她在公司服務了將近兩年時間，薪水還是處於不上不下的狀態，主管一直拖著，絕口不提加薪的事情。此外，公司裡同事之間欺軟怕硬、強烈的等級觀念等種種現象，也一直讓她感到困擾和不齒。

當莉莉提出辭職時，直屬上司只是稍做挽留就同意了她的請求。隨後經過一系列煩瑣的離職手續後，莉莉被會計部部長告知可以先行離開，薪資隨後會直接轉入她的帳戶。莉莉先是隨口問道：「當時入職時，我沒有領到第一個月的薪資，也會一起補發嗎？」部長：「你們這一批入職員工和我們計算發放薪資的方法不一樣。你們是當月發放上個月薪資，我們是當月發放當月薪資，這樣算下來，妳沒有需要補發的薪資。」

儘管心中還有異議，但莉莉抱著「都要走了，多一事不如少一事」的態度，強忍不快微笑著向部長告別。但讓莉莉沒有想到的是，離職第二天就是發薪日，她的薪資被倒扣了將近五千元。她連忙打電話給會計部部長，部長的解釋是：「妳在職期間累計遲到、請假十天，因此扣除五千元。」莉莉辯解道：「可是我本來就沒有全勤獎金，之前也都沒有倒扣薪資啊！」部長回覆：「公司規定就是這樣。妳當初也沒有簽訂勞工契約。」聽到這話，莉莉憤怒地想要破口大罵，但還是忍住怒火，假裝平靜地掛斷了電話。

發放薪資當日，莉莉在閒談中從朋友處得知，根據《勞動基準法》，即便是口頭約定僱傭關係亦有法律效益。

朋友勸她應當依法維護自己的合法權益，盡快去勞動局申請勞資爭議仲裁，但莉莉害怕這樣一來會讓雙方關係徹底僵化，也擔心在公司同事那裡留下不好的印象，甚至引來公司老闆對自己的報復性行為。最終，幾經猶豫後，莉莉心有不甘地選擇了放棄。

無論是在生活還是工作中，我們都可能會遇到和莉莉一樣的情況：明明是公司違約在先，卻不敢表達自己的疑惑和憤怒；不敢理直氣壯地拿回屬於自己的薪資和申請勞動仲裁；害怕傷面子，害怕被報復，抱著息事寧人的態度一味委曲求全。凡此種種，都屬於「懦弱」。

懦弱，是指軟弱無能。對於懦弱者而言，他們害怕面對眼前的既定事實，對自己的想法、情緒和需求表達不夠堅定，遇事常採取畏縮、逃避等方式，容易屈從他人，甚至逆來順受，缺乏反抗精神。此外，他們大多感情脆弱，意志薄弱，不夠自信。

關於懦弱個性的形成，有人曾提出「天性懦弱」的觀點。但很顯然這種說法太過片面和絕對。相關心理學研究顯示：懦弱者之所以產生這樣的心理弱點，和父母過度溺愛、袒護或過度嚴厲有關，也與當事人缺乏意志力、時常被忽視、不夠自信、缺乏正確的鍛鍊和引導等因素有著密切的關係。

因此，也就是說，懦弱者是可以透過他人的幫助和自己的努力來克服懦弱這個心理弱點的，在面對不公時勇於反抗，而不是明知能做卻不敢做。至於我們該如何克服懦弱這個心理弱點，具體可從以下幾個方面做起：

一、正確區分寬容、善良與懦弱。網路上曾一度流傳過這樣幾句話，「過分的善良就是懦弱」、「懦弱者並不是真正的懦弱，只是太過寬容」。乍看之下，這兩句話似乎說得很有道理，但實際上，他們只是利用了懦弱者渴望被理解的心理，故意混淆善良與懦弱、寬容與懦弱的區別，使其產生牽強的因果關聯，進而在某種程度上給懦弱者以短暫的心理安慰。

比如：身材單薄的小明走在馬路上，突然有一個醉漢衝出來將他撞倒。如果小明看到他喝醉了，不與他計較更多，這是寬容；如果小明不僅沒有計較，反而過去將醉漢扶起來，送至路邊安全地帶，這是善良；但如果小明感到非常生氣，但他看到醉漢身強體壯，於是以「不和醉漢計較」為理由，掩蓋自己害怕與其爭執反而會惹怒醉漢的恐懼，這就是懦弱。

二、與其在頭腦中想像自己的勇敢，不如從細微處行動起來，變成真正勇敢的人。很多懦弱者都會時常在腦海中幻想自己如何反擊，如何勇敢，如何自信，但面對實際狀況時卻還是選擇退縮。任何事情都需要不斷地實踐，只有在行動中才能獲得真正的成長。

因此，懦弱者可以從生活中的細節開始進行改變，培養自己的自信心。比如：走路的時候抬頭挺胸，眼睛直視前方，說話聲音洪亮，與他人對話時多使用「我」來表達自己的感覺、想法和需求等。

三、勇於反抗，勇於承擔責任。懦弱者之所以不敢反抗，很多時候是因為他們認為自己無法承擔反抗之後產生的後果。但心理學家指出，勇於承擔是擺脫懦弱的關鍵。懦弱者可以嘗試從在餐廳要求換一個安靜的位置等小事情做起，向他人表達自己的不滿、疑惑以及憤怒等情緒，進行適度的堅持和反抗，逐步意識到合理的反抗是被允許和被理解的，而承擔反抗的後果是反抗者必須擔負的責任。

總而言之，每個人或多或少都會有懦弱的一面，相較而言，內向者要比外向者更容易被懦弱這個心理弱點所掌控，克服和改變的道路也更顯艱難曲折。但只要懦弱者在每一個害怕衝突、無法拒絕、憤怒痛苦又必須忍耐的時刻，嘗試以上方法，積極的改變自然就會出現。

12 輕信：容易相信他人

輕信就是指輕率地相信他人。儘管這個道理很多人都懂，但心理學相關研究顯示：在現實生活中，較為自卑、善良、天真、無知以及貪念較重的人明顯更容易接受他人暗示和輕信他人。

孟海是一名收藏愛好者，尤其偏愛收藏明清時期生產的瓷器。這天，同為收藏愛好者的阿山突然打電話要求上門拜訪，聲稱自己手裡有一件清朝時期的瓷器。由於此前和阿山在收藏愛好者交流會上有過幾次短暫的交流，孟海對他印象還不錯，再加上對其手中所持瓷器的好奇，他特別爽快地答應了阿山的請求。

見面後，還未坐定，阿山就急忙從手提包中拿出一件瓷器遞給孟海，神神祕祕地說道：「以我不高的鑑賞水準來看，這應該是清代乾隆年間生產的，貨真價實的景德鎮瓷器。」一聽此言，孟海心裡暗自驚喜不已，但還是故作鎮定地問道：「從哪裡找到的？價格多少？」

阿山：「說來也巧。我今天上午去古玩市場淘貨，看到有個男孩蹲在地上售賣這個瓷器。我當時就覺得這不是一般的瓷器，過去一問才知道，這是男孩家裡從祖輩上傳下來的，現在因為他父親得了癌症，母親又癱瘓在床，不得已才拿出來賤賣換取醫藥費。」孟海：「確定是真品？」阿山：「你還不相信我嗎？不信我這就帶你去那男孩家裡瞧瞧。再說，你不要我可以賣給別人，虧我記得你平時最喜歡這玩意兒，慌慌張張買下來送過來給你。算我多管閒事。」

孟海本就十分相中這件瓷器，又見眼前阿山這副又委屈又生氣的樣子，瞬間打消了心中原有的顧慮，轉帳五萬元給了阿山。幾天過後，恰逢某位收藏界的前輩來到孟海所在的城市舉辦講座，孟海滿心歡喜地帶著瓷器前往，希望得到前輩的肯定，順便賣個好價錢。但那位前輩僅僅粗略地看了兩眼後，就認定這是件贗品，價值最多不超過兩千元。孟海頓時傻眼了。而那個阿山也徹底失去了聯繫。

顧名思義，輕信就是指輕率地相信他人。儘管這個道理很多人都懂，但心理學相關研究顯示：在現實生活中，較為自卑、善良、天真、無知以及貪念較重的人明顯更容易接受他人暗示和輕信他人。其中，女性較之男性、青少年和老年較之中年人、教育程度低的人較之教育程度高的人更容易輕信他人。

此外，值得一提的是，輕信他人中的「他人」是指代個體以外的所有人，包括個體的配偶、兄弟姐妹、父母、其他親屬朋友、同事主管等，並非單獨指代個體不熟悉的陌生人。那麼，面對此種狀況，在宣導團結合作、相互信任的現代社會中，個體應當如何平衡輕信與信任之間的關係？又如何做到不輕信他人，避免傷害和損失的發生呢？具體可從以下幾個方面做起：

一、克服貪小便宜、貪婪等心理弱點。有時，不是人們願意輕信他人，而是被內心貪小便宜的沾沾自得和欲望膨脹的貪婪所蒙蔽，只顧自己即將得到的利益，卻全然忘記問自己一句這是為什麼和憑什麼。

比如：大學畢業後，晨晨獨自前往某市遊玩。在火車上，她旁邊座位上坐著一對情侶，一路打打鬧鬧，看起來十分甜蜜恩愛。短暫的交談中，他們得知三個人來自同一個縣，晨晨內心更是倍感親切。

臨下火車時，情侶中的女生問晨晨住宿預訂好了沒，晨晨回答「沒有」。女孩立刻熱情邀請道：「我們兩個在火車站附近租有一套兩室一廳，剛好還有一個房間空著。現在已經是晚上十一點鐘了，還下著大雨，妳一個小女孩，人生地不熟的，如果不介意的話，今晚可以來和我們一起住。」

晨晨心想：我們是同鄉。看他們一路上說話打鬧的情形，也不像是在演戲的壞人。再說，我一個人在下著雨的夜晚出去找旅店確實挺害怕的。不如答應他們，還可以省一個晚上的住宿費。隨後，晨晨和情侶一起回到了他們租住的地方。進去後，晨晨卻發現裡面同時還住著另外兩對夫妻。原來，這裡是一個傳銷組織的窩點。

就這樣，為了省一個晚上的住宿費用，晨晨將自己送入了傳銷組織的虎口，並在裡面備受折磨，很久之後才艱難逃脫。事後，她不停地後悔道：「為什麼那對情侶會主動邀請我？憑什麼要相信他們？為什麼寧願冒著風險相信一對陌生人，也不願意花費一千多塊錢去住更加安全的旅館？如果當時多問自己這些問題，也許就不用遭受後面那些身心上的痛苦與折磨了。」

二、不斷學習，拓寬知識面。有時候，我們輕信他人是因為在和對方交談時，自身擁有的知識較為有限，因此難以判斷對方言語中究竟有幾分是真，幾分是假，尤其是當對方講出一些較為高深的專業名詞時，更容易提升我們的信任感。因此，這就需要我們不斷加強自我修養，廣泛涉獵，不斷充實和提升自己，當我們懂得越來越多後，自然就不容易被他人所騙了。

三、經常自我反思。俗話說：「吃一塹，長一智。」但現實中，很多輕信他人的人往往是一犯再犯。他們可能今天輕信了這個人，告訴自己要長經驗，記住這次教訓，但轉頭就會被另外一個人使用另一種手段所迷惑，再次選擇輕信。甚至有時候同樣的人、同樣的手段都能多次騙到他們。

出現這種情況的原因，除了這些人心地善良，太過天真，不對人設防之外，主要還是在於他們缺乏自我反思意識。每一次輕信他人，尤其是損失不太嚴重的情況下，他們並沒有把這件事真正放在心上，認真思考下次遇到這種情況應該怎麼提防等問題，以至於他們一再上當。

四、聽從他人意見的同時，更要培養自身獨立思考與合理懷疑的意識。這並非是說，任何人、任何事都不再值得相信，而是說在面對他人及其所說的話語時，可以信，但不能全信。在相信的同時，注意保持自己獨立的思考，藉助於請教他人、多提問題和工具查找等手段驗證自己的疑惑，最終加以取捨。

總而言之，正如古籍《增廣賢文》中所說：「逢人且說三分話，不可全拋一片心。」在與人日常相處和交往中，要有自己的主見和判斷能力，不可把心裡話全都說出來，更不可別人說什麼就是什麼，輕信他人。

13

以偏概全：只見樹木不見森林

以偏概全這個心理弱點並非是某類人的專屬，生活中的很多時候，每個人都容易在不自覺的情況下犯此類錯誤。而造成這種心理現象的原因，包括來自社會、家庭、工作等方面的刻板印象的影響以及人腦先天更喜歡簡單化、更傾向於用少數經驗得出普遍規律等因素。

正值下午茶時間，辦公室裡一群同事圍坐在一起聊天，不知怎的聊到了某個話題，一向以「爽快人」自稱的丹姐高聲說道：「讓我說啊，現在的應屆大學畢業生完全靠不住，不像我們那個時候，都是實打實一身真本事，還特別腳踏實地、吃苦耐勞。」話音剛落，旁邊就有人附和道：「就是就是。現在的孩子都被寵壞了。眼高手低，難以指望。」只有坐在角落裡的鵬鵬在心裡悄聲嘀咕道：「純屬以偏概全。並不是所有大學生都像你們討論的那樣無用的。」

所謂以偏概全，是指用片面的觀點看待對象整體。上文中，在面對當今大學生是否靠得住的問題時，丹姐及其他同事僅僅依靠自己平日裡聽到或者看到的關於大學生的負面資訊，就輕易地得出「當今大學生完全靠不住」這個結論，卻忽略了更多大學生勤奮學習、努力上進的積極一面。

諸如此類的事情還有很多。比如：國中畢業後小張憑藉父親的資助開辦公司，成為董事長，遇到碩士畢業前來求職的國中同學小王。小張得意地藉此向別人宣揚「讀書無用論」，卻看不到自己與小王在個人素養、審美情趣、認知思維等方面存在的巨大差異。

當然，對於人們而言，以偏概全這個心理弱點並非是某類人的專屬，生活中的很多時候，每個人都容易在不自覺的情況下犯此類錯誤。而造成這種心理現象的原因，包括來自社會、家庭、工作等方面的刻板印象的影響以及人腦先天更喜歡簡單化、更傾向於用少數經驗得出普遍規律等因素。

因此，要想克服以偏概全的心理弱點，就需要人們在日常生活和交往中做到以下兩點：

一、必須堅持客觀地看待身邊的人和事，不斷增長自己的見識，學會收集、整合多方資訊，從實踐中培養成熟、穩重、理性客觀的處世能力和方式。

比如：在盲人摸象的故事中，四個盲人都渴望知道大象到底是什麼樣子。由於眼睛無法看到，只好用手去觸摸和感受「大象」，進而結合自己的生活經驗和已有認知，最終構造出自己腦海中的「大象」。

在這個觸摸和認識的過程中，摸到大象牙齒的盲人認為「大象和蘿蔔差不多」；摸到大象耳朵的盲人認為「大象像一個簸箕」；摸到大象粗壯的雙腿的盲人認為「大象是一根很粗的柱子」；而最後摸到大象尾巴的人，他心中的大象是一根草繩。

四個盲人開始為自己腦海中的大象爭吵起來。但回顧整個「識象」的過程，他們都很認真地進行了實踐，也各自做出了自以為很客觀的認知和評價，可為什麼最終還是無法避免出現以偏概全的錯誤呢？問題在於他們沒有及時共用資訊，沒有收集和整合其他三位盲人的「識象」資訊，而是各自孤立地做出了最終判斷，自然無法獲得關於大象的正確、全面的資訊。

二、勇於承認自己的無知。不管是客觀看待人和事，還是多方面分析各種資訊，做到這些最重要的一個前提是：要勇於承認自己的無知。只有承認自己是無知的，清空自己頭腦中先入為主的印象，才能用更加包容、開放的心態重新學習，以更為客觀的態度看待問題。

總而言之，生活就是最好的老師。在人生的課堂上，不以偏概全，也就是不能聽風就是雨，不一葉障目，不盲人摸象：既能看見樹木，也能看見整片森林，既能聽見雨落的聲音，也能聽見天空中雲在呢喃。

14

猜疑：缺乏根據的懷疑

所謂猜疑，簡而言之就是懷疑、起疑心。通常用來指代沒有根據地懷疑別人，是無中生有的，對他人他事都不能完全放心的一種心理狀態。

相關心理學研究顯示，猜疑心理不僅是人們常見的心理之一，同時也是人們共有的心理弱點之一。

一天晚飯過後，芳芳和男朋友阿軍一起外出散步。兩個人邊走邊聊著半個月後中秋節的假期規劃。芳芳：「剛好我媽在放假那天從國外回來。到時候我們一起去機場接她，然後一起回老家。」阿軍：「可以啊。不過我可能需要提前一天回來。」芳芳疑惑地詢問道：「哪天？」阿軍：「假期的最後一天吧。一大早就回來。」

芳芳頓時心生疑慮，繼續追問道：「是公司需要加班？還是其他事情？」阿軍語焉不詳道：「就是有點事。」聽到阿軍如此顧左右而言他，不願意正面回答自己的問題，芳芳心中的懷疑更深。她不依不饒道：「到底是什麼事？」阿軍：「有個朋友要過生日。」芳芳：「你的朋友我都認識。你直接說名字不行嗎？」阿軍：「阿賢。」

聽到阿賢這個名字後，芳芳差點控制不住自己的情緒和阿軍當街吵起來。原來，阿賢、阿軍以及阿軍的初戀，都是國中的同班同學。雖然現在阿軍和初戀已經分手不再聯繫，但每次阿軍和阿賢見面時，芳芳心裡都擔心阿軍會藉此機會和初戀重修舊好。

從芳芳和阿軍兩個人簡單的對話中，我們可以看到：芳芳對阿軍在假期最後一天究竟是否是去參加阿賢的生日聚會，以及是否會假借參加聚會的名義去和初戀相見，都心存猜疑。尤其阿軍在談論這件事情時語焉不詳的態度，更是進一步加深了芳芳心中本就存在的對於「阿軍與初戀相見」的擔憂和疑慮。

但實際上，所謂阿軍的這種「遮遮掩掩」真的是因為要藉參加阿賢的生日聚會與初戀會面嗎？未必。可能更大程度上是因為他清楚地知道芳芳太過於在乎自己，在這段感情中缺乏安全感，同時她對於自己與初戀之間的關係心存懷疑和芥蒂，為了避免她的猜疑和無理取鬧，才選擇了語焉不詳的方式，試圖蒙混過去。但最終卻適得其反，反而擴大和強化了芳芳心中的猜疑。

所謂猜疑，簡而言之就是懷疑、起疑心。通常用來指代沒有根據地懷疑別人，是無中生有的，對他人他事都不能完全放心的一種心理狀態。猜疑心過重的人，在看待人與事物時，習慣性地從自我的主觀想像出發，而不是依據客觀證據理性地分析問題。比如：芳芳根本就沒有任何證據能夠證明阿軍參加生日聚會是為了和初戀見面，但她僅憑阿軍吞吞吐吐的語氣，就直接坐實了這個「想像中的事實」。

對於如芳芳一樣的猜疑者而言，他們中的大多數都善於聯想和想像，輕則疑神疑鬼、捕風捉影，重則無中生有、節外生枝。在自我假定與想像中，他們處處神經過敏，用胡拼亂湊的事情去證實自己內心的假定，難以信任他人，也使得自己在無盡的猜疑中疲憊不已。恰如培根所說：「猜疑之心猶如蝙蝠，它總是在黃昏中起飛。這種心理是迷陷人的，又是亂人心智的，它能使你陷入迷惘，混淆敵友，從而破壞人的事業。」

此外，相關心理學研究顯示，猜疑心理不僅是人們常見的心理之一，同時也是人們共有的心理弱點之一。比如：有些人前去商場購物，看到售貨員態度稍顯冷淡時，就會懷疑是售貨員看不起自己，罵罵咧咧地離開；有些人在班級活動中，看到老師總是提問某位同學而忽略自己的舉手示意時，就會懷疑那位同學私下裡討好老師或者他們之間有什麼關係，或者老師不喜歡自己等等。因此，要想改變這種愛猜疑的心理現狀，克服猜疑這項心理弱點，可以嘗試從以下方面做起：

一、找到自己愛猜疑的心理源頭。從心理學層面上來講，猜疑心理的產生主要是由錯誤且封閉的思維定勢、缺乏自信和安全感以及在人際交往的挫折中形成的自我防衛等因素引起的。

其中，錯誤且封閉的思維定勢，具體是說，愛猜疑的人的思維模式都較為封閉、單一，缺乏靈活性和客觀性，又往往難以聽從他人的勸解，凡事都用自己的思維定勢，先入為主，按圖索驥，從主觀想像的結果出發進行理解和思考，並最終落腳於主觀想像的結果上，如作繭自縛般地將自己緊緊纏繞在思維的圓圈中，無法自拔。

比如：東東在公司最近一次的考核中沒能成功升遷。他懷疑是因為自己在工作中沒能像其他人一樣奉承人事處的劉處長，所以她才故意從中作梗。從這個主觀想像的結果出發，在此後的工作中，東東仔細觀察、對比劉處長對自己和對其他同事的態度，更加確認劉處長十分不喜歡自己，總是在工作中刻意針對自己，反而處處袒護那些對她阿諛奉承的人。東東心中對劉處長的憎惡也就越積越深。

但是，當某次和同事聊天時，東東得知當初自己沒能升遷是因為自己的直屬上司楊主任投了反對票，劉處長反而是極力推薦自己的，他再回頭去看劉處長時，竟覺得劉處長其實對自己十分和藹、溫柔。

二、全面分析和查證。在懷疑產生時，愛猜疑的人需要冷靜、理智、客觀地進行分析，找到自己懷疑的原因並進行查證，而不是藏在自己的心中任其不斷發酵。

三、開闊心胸，多與他人溝通。出於不自信、缺乏安全感等方面的原因，愛猜疑的人在為人處世中常顯得不夠落落大方，不僅斤斤計較、心眼極小，而且容易偏聽偏信。

因此，這就需要我們不斷加強自身修養，藉助心理輔導、旅遊、畫畫、傾訴等方式開闊心胸，增加心靈的透明度，學習並掌握溝通的技巧，在溝通中消除猜疑，增加信任。

總而言之，在日常生活和與人相處中，無論是誰都難免會有心存疑惑的時候，但我們一定要盡量保持冷靜，學會全面、辯證地看待人和處理事的方式方法，切勿任由自己捕風捉影，全憑主觀判斷與想像做出結論。畢竟，沒有人喜歡被無端猜疑，也沒有人喜歡生活在身不由己的猜疑中，陷入難言的焦慮、痛苦。

15

好面子：打腫臉充胖子

對於好面子的人而言，他們不僅自己要面子，也十分講究給別人面子。相關心理學研究顯示，好面子這個心理弱點的背後，隱藏著人們內心對尊嚴的重視與渴望。

電視劇《斷奶》中，李俊鵬和安琪這對小戀人約好帶著各自父母在飯店見面，商談結婚一事。臨出發前，安琪的父母都穿上了各自最名貴的衣服。安琪母親還不斷囑咐老伴吃飯時要注意言行，不能像平時一樣稍有不滿就爆發出來，以免讓親家看笑話。

但在宴席上，由於安琪的父親和李俊鵬的繼母吳非在上大學期間曾有過一段個人恩怨，再加上身為教授夫人的吳非一直認為出身低微的安琪嫁給李俊鵬是為了錢，所以在言談間，吳非總是擺出一副高高在上的姿態。安琪父親對此很是憤怒，但在安琪母親的勸阻下他選擇了忍耐。豈料，吳非在雙方接下來的談話中，越說越離譜，不僅提出了讓安琪家出十萬元（人民幣）來裝修房子的無理要求，而且直接暗示李俊鵬和安琪在一起後變成「月光族」，為安琪花了許多錢。此時此刻，安琪和她的父母再也無法繼續忍耐，憤怒地離席而去。

在這個故事裡，穿最好的衣服、注意言行、不要讓親家看笑話，就是安琪父母要面子的典型表現。面對吳非的挖苦和挑釁，安琪父親第一次選擇忍耐，是為了給安琪及李俊鵬家人一個面子；而第二次安琪一家憤怒離席，則是因為在這場宴席中，吳非沒有給安琪和安琪父母面子，明裡暗裡直指安琪是一個虛榮、愛錢的女孩，這對安琪及其家人來講是一種極大的羞辱。

在很多影視劇中，都會出現類似的片段：老同學聚餐結束時，總有這樣一個人，明明大家都知道他過得非常拮据，但他還是爭著搶著要付錢買單；當分手多年的戀人再次相遇，問起彼此生活的狀況時，不管實際情況多麼糟糕，也總是笑著回答「非常好」；職場相處中，面對同事的無理要求，儘管內心十分不情願，但還是硬著頭皮應承下來，最終不得不花費大量的時間和精力去完成等等。諸如此類，這些行為都被人們統稱為——好面子。

在這個世界上，不管是男人還是女人，老人還是小孩，達官貴族還是平民百姓，人人都在乎一個面子問題。尤其是對於愛面子的人而言，什麼都能丟，但就是不能丟面子。那麼，究竟何為面子呢？

作為人們重要的心理特徵之一，「面子」是一種「由於個人表現出來的形象類型而導致的能不能被他人看得起的心理和行為」。在中文釋義中，「面子」往往又被看作是個人尊嚴的象徵。

對於好面子的人而言，他們不僅自己要面子，也十分講究給別人面子。相關心理學研究顯示，好面子這個心理弱點的背後，隱藏著人們內心對尊嚴的重視與渴望。比如：小英本身家庭條件並不富裕，但她還是不顧家人勸阻，堅決替兒子選擇了一家價格昂貴、雙語教學的私立貴族幼稚園。她之所以這樣做，一方面是不願意身邊的朋友、同事瞧不起自己，另一方面是希望讓兒子儘早接觸到上層社會的生活，擴大人際交往，將來更有出息，好讓自己在他人面前有炫耀的資本，賺回面子，獲得心理上的滿足感。

因此，人們應當嘗試從以下幾個方面進行改進，克服好面子的心理弱點，讓生活變得更隨性、輕鬆。

一、懂得面子不是別人給的，是靠自己「賺」的。不要把面子等同於尊嚴。面子要靠自己「賺」，靠不斷地提升自己來獲得，靠強大的素養來作為支撐。

比如：國中畢業的企業老闆阿偉偶然遇見博士出身的大美女琳達，他對琳達一見鍾情，並展開了熱烈的追求。這天，阿偉的合作夥伴舉辦了一個私人聚會，阿偉極力邀請琳達和自己一起前往參加，琳達勉強答應，但在聚會上，當阿偉向合作夥伴介紹琳達是自己的女朋友時，琳達當場毫不猶豫地說：「不好意思，可能李總有所誤會，我只是答應您來參加這次聚會，但並沒有答應做您的女朋友。」

面對此種情形，可能其他人早就憤怒不已，認為琳達過於清高孤傲，不懂得在別人面前給自己面子，但阿偉只是淡淡一笑，隨即面朝琳達躬身道：「我為自己剛才的言語冒犯向您道歉，但也希望您能理解我渴望早日抱得美人歸的迫切之心。」言畢，眾人皆哈哈大笑。

琳達也頓時對阿偉另眼相看，不再對他接下來的追求感到反感。此後，阿偉更是虛心學習，努力彌補自己在琳達面前學歷較低的缺點，最終憑藉不卑不亢的態度、幽默的性格、誠心的努力，成功俘獲了琳達的芳心。

二、懂得控制自己內心的欲望，避免隨波逐流。對於一部分人而言，他們好面子主要是難以克服內心的自卑，眼睛總是望向別人，但又害怕別人瞧不起自己，為此不顧實際情況，盲目地追隨和模仿他人。比如：學生為使用 iPhone 借高利貸、家長一味追求名校抬高學區房房價、女生找有錢男友只為不斷購買奢侈品等。

三、學會放下，不做完美主義者。很多時候，人們儘管知道太過注重面子不好，但面對實際問題的時候，還是很難以說服自己不去在意。其實，只要明白「金無足赤，人無完人」的道理，不忘初心，不勉強自己追求那些原本不屬於自己的東西，自然就能掙脫「面子」的束縛，變得更加瀟脫、快樂。

總而言之，好面子固然在某種程度上能夠促使人們更加積極奮進、努力打拚，探索人生新的可能，但還是需要注意方法，懂得節制，萬萬不可為了面子而做出「打腫臉充胖子」之類的不理性行為，損人不利己，傷身又傷心。

16

從眾：隨波逐流的安全感

作為當今社會中，人們普遍存在的一種心理弱點，從眾行為並非是指單純的「少數服從多數」，更多的是一種消極的、盲目的心理懈怠行為。

盲目的從眾則更容易發生在那些懶於思考、知識面狹窄、迷信權威、渴求群體認同感的個體身上。

（以下案例的幣值為人民幣）

二〇一一年三月，日本核電站爆炸並引發大規模的核洩漏。與此同時，以中國江浙沿海城市為中心，關於「含碘食用鹽可以預防核洩漏誘發的核輻射汙染問題」的謠言也迅速蔓延擴散，在中國各地引發了一場轟轟烈烈的「搶鹽潮」。其中，湖北武漢市的郭先生更是在這場搶鹽潮中，以「花費兩萬七千元購買一萬三千斤食鹽」的瘋狂行為，被人們戲稱為「搶鹽帝」。

在隨後的採訪中，當記者詢問郭先生為什麼會一次性購買如此多的食用鹽時，他說道：「當時到處都在傳言吃碘鹽可以防輻射。儘管食鹽的價格從原先的幾毛錢迅速漲價到了兩塊多一袋，但人們還是瘋了一樣地整箱整箱往家裡搬，不管超市還是小商店，到貨的食用鹽很快都會銷售一空。我一看這種情況，心裡特別著急和害怕，唯恐自己再不囤貨就很難再買到鹽了，或者價格會越來越高。」

記者反問道：「所以您就一口氣買了這麼多？」郭先生：「是啊。這還是我跑了三家店鋪，分批買來的呢！」記者：「現在您打算怎麼處理這批食鹽？」郭先生：「購買時沒能保留單據，商家拒絕退貨。那些食鹽現在全都堆在家裡，我也不知道該怎麼辦。如果當時不盲目跟風就好了。」

現實生活中，類似上文中郭先生一樣，盲目從眾的例子不勝枚舉。比如：逛街時，相鄰的兩家糕點店，一家排滿長隊，一家冷冷清清，人們就會更傾向於排長隊的那家店鋪；主管發言時，儘管內心並不十分認同，但看到同事們都在鼓掌，自己也會跟著拍手；過馬路遇到紅燈時，本來自己正嚴格遵守交通規則，站在路口等待綠燈亮起，但看到其他人都闖紅燈時，也會跟隨他們一起闖紅燈等等。

所謂從眾，通俗來講，就是人云亦云，隨波逐流。具體是指，在群體觀念和行為的影響下，個體有意識或下意識地從直覺、判斷、認知以及行為上趨從群體，並與大多數人保持一致的社會心理現象。

一方面，作為當今社會中人們普遍存在的一種心理弱點，從眾行為並非是指單純的「少數服從多數」，更多的是一種消極的、盲目的心理懈怠行為。其中，消極的從眾主要展現為面服心不服，是一種行為從眾但心理獨立的矛盾現象。比如：工作中，主管提出一種解決方案，小鵬認為其中紕漏甚多，但礙於同事們都向主管表示了讚賞和恭維，他也只好將否定之詞壓在心底，選擇順從。

盲目的從眾則更容易發生在那些懶於思考、知識面狹窄、迷信權威、渴求群體認同感的個體身上。他們的想法大多為「別人怎麼想，我也怎麼想」和「別人怎麼做，我也怎麼做」。

比如：本文開頭故事中的「搶鹽帝」郭先生，如果他稍微了解一點關於中國食用鹽大部分是礦鹽，或者日本核電站洩漏的放射性物質本來就很少，再加上海水的稀釋作用，基本上很難對中國沿海地區造成影響等相關方面的知識，也不會出現盲目跟隨大眾，囤積一萬三千斤食用鹽的「笑話」了。

另一方面，在關於從眾心理的影響因素的相關心理學研究中，人們發現：當群體的規模越大，凝聚力越強時，從眾行為也就越容易發生；當個體在群體中處於領導位置或者對從眾對象較為了解時，則較少出現從眾行為。

此外，還有研究結果顯示：較之男性，女性更容易出現從眾行為；較之青壯年，老年人、兒童和青少年更容易跟從他人。而縱觀我們生活中那些從眾性強的人，他們大多缺乏主見，容易接受他人的暗示，不夠自信，害怕被孤立，渴望得到他人的認可和肯定，自然也就更容易被某些店家、促銷員、新聞媒體等加以利用。

那麼，人們應當如何避免和克服從眾這個心理弱點，正確分辨是非，堅持自我呢？具體方式如下：

一、及時察覺從眾心理的出現，並學會自己獨立判斷。凡事有利又有弊，從眾行為自然也不例外。在某些情境下，從眾行為能夠幫助人們擴大視野、增強內心的安全感以及培養集體榮譽感。比如：大掃除中偷懶的某位同學，看到大家都在勤快地打掃環境時，基於從眾心理，又重新加入打掃的團隊中，最終和全班同學一起使教室煥然一新。

但在大多數情境下，從眾行為輕則使人們購買不合身的衣服、不好吃的食物，囤積過多的日用品，重則會誘發吸毒、殺人等違法犯罪行為的發生。因此，這就需要人們在察覺到自身出現從眾心理傾向時，能夠多想想自己真正需要的是什麼，要增加自己的獨立判斷，而不是人云亦云，盲目跟隨別人的選擇。

二、提高自制力和獨立性，既不故步自封，也不盲目從眾。對於擁有較強自制力和獨立思考能力的人來講，他們很少會在生活和工作中出現從眾行為。面對自己遇到的選擇上的分歧，他們既不會一味地固守自己的看法和觀點，也不會盲目相信和追隨他人。

三、培養自尊心和自信心。在某種程度上，從眾行為是個體為了避免被他人排斥和孤立，想要獲得他人認可和內心的安全感而選擇的一種消極性應對方案。因此，當人們透過努力增強自信心、獲得自尊心之後，自然就不容易出現表面順從或者盲目追隨等從眾行為。

總而言之，農民播撒下的每粒種子，都有它自己破土而出的方向；樂手彈奏的每個音符，都會奏響它獨有的旋律。希望每個人都能夠透過上文中所講述的方法，培養自信心，提高自制力，不尋求隨波逐流的安全感，不盲從，最終成為一個善於獨立思考的人。

17

依賴：沒有你，我將無法獨活

依賴心理通常是指個體難以或者無法自給自立，必須依靠某人、某事或某物的一種心理狀態。具體而言，個體依賴的對象可以是某種精神存在，可以是金錢、手機等物質性的東西，也可以是某個具體的人，甚至是某個場所、某款遊戲，並無統一標準。

關於「懶人吃餅」的故事，版本眾多。其中有一個版本是這樣講的：相傳古代有一對夫妻，兩人結婚很多年，好不容易才懷了一個孩子。因此，孩子出生後，夫妻二人是含在嘴裡怕他化，捧在手心怕他摔，打也捨不得，罵也捨不得，溺愛得緊。長此以往，孩子被寵溺得個性極為乖戾，稍有不順就對父母呼來喝去，而且還十分懶惰和依賴父母，哪怕是喝口水都需要媽媽端著餵到他嘴裡。

某天，夫妻二人有事需要外出幾天，由於路途太過奔波勞累，他們只好將孩子獨自留在家中，並特意為他烙了七八張大圓餅，套在他的脖子上。每當餓的時候，孩子只需要抬起手臂，動動手指就能吃到餅。但這對夫妻沒有想到的是，等到他們回來時，孩子早已餓暈在床，奄奄一息。

丈夫疑惑道：「我們明明準備了足夠的大餅給他吃，他怎麼還會餓暈呢？」妻子同樣困惑不解。直到她扳起孩子的肩膀準備餵水給他喝時，才發現：孩子低頭就能碰到的（下巴周圍的）餅都已經吃得差不多了，而脖子後面的餅依然完好無缺，會餓暈自然也就不奇怪了。

表面上看，這個孩子會餓暈是因為他懶得轉動套在脖子後面的餅。但實際上，從心理學層面來講，孩子「懶得轉」的背後更多的是對父母的過度依賴。由於夫妻兩人對孩子的過分寵愛和照顧，孩子在成長過程中逐漸喪失了獨立思考和動手的能力，進而滋生出了嚴重的依賴心理，認為什麼事情都有父母的幫助，自然就越來越懶得動手了。因此，可以說，一個人幼年時期的家庭環境和教育與其依賴性的輕重程度往往有著密切的關係。

依賴心理通常是指個體難以或者無法自給自立，必須依靠某人、某事或某物的一種心理狀態。具體而言，個體依賴的對象可以是某種精神存在，可以是金錢、手機等物質性的東西，也可以是某個具體的人，甚至是某個場所、某款遊戲，並無統一標準。

相關心理學研究認為，適度的依賴會使人與人的關係更親密，更有利於雙方關係的確立和發展。當置身於這種適度的依賴關係中時，雙方都清楚地知道彼此是被需要和重視的，但同時又是獨立的、放鬆的。借用心理學家羅伯特·伯恩斯坦（Robert F. Bornstein）的話說就是：「適度的依賴關係中，雙方既融合了親密感和自主感，又保有強大的自我意識；很願意接受對方的幫助，也不會因為向對方求助而覺得自責。」

但對於那些像「吃餅的懶孩子」一樣的過度依賴者而言，他們總是缺乏「界線感」，對親近與歸屬有過分的渴求，時常給人一種「沒有你我就不能活」的感覺。他們透過依附他人來放棄自己的義務，逃避原本應當承擔的責任，一旦對方稍有疏離之意，就會陷入焦慮、恐慌、憤怒等負面情緒中，甚至不惜透過言語、身體傷害等方式威脅對方，以取得關係中的支配地位，繼續維持雙方間的依賴共生關係。長此以往，不僅依賴者自己在喪失自我中痛苦糾結，也會給依賴對象造成很大的心理壓力。

因此，這就需要那些習慣過度依賴他人或者有過度依賴他人傾向的人，嘗試從以下幾個方面做起，逐漸擺脫依賴這個心理弱點，早日實現真正的獨立，建立良好的人際互動關係。具體措施如下：

一、發現自我的獨立性。有句話是這樣說的：「真正的獨立是從心理開始的。」而要想從心理上開始獨立，「精神斷奶」就顯得尤為重要。這是因為，過度依賴者僅僅是完成了和母親在哺乳關係上的斷離，這是一種形式化的、表面性的斷奶；從精神層面來看，依賴者並未真正實現人格上的獨立和自由。

比如：有些戀愛關係中的成年人，特別依賴對方，要求對方不管做什麼事情都要和自己在一起，一旦對方稍有拒絕之意，就會感到傷心、失落乃至憤怒，這其實就是將自己孩童時期在父母身上沒能實現的依賴關係轉移到了戀人身上，將隨時隨地的陪伴看作是關心、愛護和在意。

二、多進行自我追問，靜下心來感受自我依賴情緒背後隱藏著的心理狀態。當意識到自己對某人、某事或某物的過度依賴心理後，應盡量保持冷靜，而不是一味地自責、焦慮或者恐慌。

三、找到依賴心理的起因，勇於改變，培養掌控感。透過對依賴這個心理弱點的分析我們可以看到：依賴心理的產生通常和個體的原生家庭存在密切連繫。一方面，可能這個家庭中的父親、母親、哥哥、姐姐中，有些人個性較為強勢，在個體面前扮演了一個掌控者的角色，個體只需要接收並完成其發出的指令即可。長此以往，個體慢慢習慣了這種掌控與執行的相處模式，進而自暴自棄，對自我以及自主選擇喪失信心，越來越依賴對方以及生活中遇到的其他掌控型對象。

另一方面，就是像「吃餅的懶孩子」的父母一樣，對孩子過度溺愛。關於孩子的一切，父母都以「不放心、你不懂」為由，大包大攬。於是孩子在經過最初的嘗試失敗後，慢慢滋生了惰性，樂於坐享其成。面對這種情況，就需要過度依賴者以及有依賴傾向的人，透過心理諮商、和父母朋友談心、自我反思等方式，找到自己依賴他人背後的深層原因，從說服家人做起，從小事做起，學會自主收集資訊並做出判斷和選擇，培養自己對生活的掌控感，邁出心理獨立的第一步。

總而言之，成長的過程就是在獨立和依賴中左右搖擺，努力尋求平衡的過程。希望每個人都能夠成功找到適用於自身的那個平衡點，既不過分自我，也不過分依賴，允許自己在他人面前暴露恐懼和脆弱，接受他人的幫助，也勇於獨自一人直面生活中的瑣碎小事，乃至波濤洶湧。

18

固執：我說的就是對的

美國心理學家利昂・費斯廷格（Leon Festinger）認為，人的固執心理是由認知失調導致的。他的看法是，當我們遇到信念與現實發生衝突的情況時，這種局面會導致自身的認知失衡，這時，我們就會感覺到心理衝突，從而想辦法恢復心理平衡。

三十五歲的董建已經在電視臺工作十二年了，在公司裡也算是老前輩了，而且董建的業務水準很不錯，他是他們所在部門的管理者。平時這人倒也笑嘻嘻的，沒什麼問題，不過在工作上交流意見的時候，他就會變得非常倔強，不肯採納別人的意見。

董建的下屬面對這樣的一個上司都很為難，因為董建根本不願意把部門的大部分工作分配下來，交給大家做。他覺得下屬的工作能力不行，自己無法信任他們，於是，他就把所有的工作獨自包攬，不聽任何人的意見。

有一次，一個來實習的女生還沒摸清楚董主任的脾氣，居然去跟董主任說，她覺得主任制定的這個方案裡有一些採訪的點不夠新穎，需要改進。結果她沒想到，自己看到的是一張臭臉。董主任一聽到有跟他意見不一致的內容，立即就不想聽了，把實習生「請」了出去。

下屬們見到董主任這樣安排工作太不像話了，於是想要請董主任吃個飯，好好談談這件事。

董主任接受邀請來吃飯，也是迫不得已的，他本來堅決不來的，因為在他看來，跟下屬聚餐是一種風氣敗壞的行為。可是，那天他老婆正好不在家，沒人做飯，他覺得一個人出去吃飯太奇怪了，於是迫不得已來參加聚餐了。這次聚餐，董主任的下屬一個不少都到了。大家本來想要好好跟董主任談談工作安排的事，結果，大家萬萬沒想到，這個主任那麼愛喝酒。他們還一筷子菜沒夾呢，主任都喝了三瓶啤酒了，而且沒有一點醉的跡象。但因為下屬們想要跟董主任談正事，所以就勸董主任少喝點酒，保持頭腦清醒。結果主任根本不聽勸，不但自己一杯一杯地下肚，還拉著別人一起喝，搞得大家都很為難。最後，看董主任已經喝得很醉了，大家也沒辦法再跟他交流工作上的事了。大家想著找一兩個同事送董主任回家。結果，麻煩事又來了。

董主任不准別人送他，硬要自己開車回去。看董主任這個差不多爛醉如泥的狀態，大家覺得他這樣開車回家實在太危險了。所有的人都在勸董主任千萬不要開車，董主任說：「怎麼？你們不相信我的開車技術？覺得我不行？」下屬無論怎麼勸阻，董主任都非要自己開車。

董建的妻子也很反感老公總是那麼固執，酒後駕車這樣的事也做得出來，妻子告訴董建：「再這樣下去，你遲早會沒命的。」

董建因為固執頻繁地惹怒身邊的人，但他的固執依然很難改變。董建的母親都和董建的妻子商量著帶他去給諮商心理師看看呢。

固執是指人們在認知過程中無法將客觀與主觀、現實與假設很好地區分開來，總是將自己的經驗凌駕於現實之上的一種心理狀態，如果再過分固化其經驗的話，就容易產生執迷不悟的情況。一位諮商心理師表示，我們對事物的認知，是根據我們對事物的評價和判斷得來的，在很大程度上，我們的評價依賴於我們自身的經驗。

我們可以看到：故事中的董建只相信自己的判斷，只願意接受自己的選擇。他無法將他喝醉後難以安全駕駛的現實與他心中假設的「自己能把車開得很好」這樣一種幻想的狀態欄分開來。

固執心理在偏執型人格障礙患者身上有集中的表現。這類人的特點是敏感多疑、好嫉妒、自我評價過高、不接受批評、易衝動和詭辯、缺乏幽默感等。這些心理現象結合在一起，成為一種習慣之後，一旦別人打破這種習慣，就會使固執的人產生不愉快、不舒服、苦惱等不良情緒，嚴重的還會引發攻擊行為。固執還可以分為幾種類型：感覺性固執，記憶表象固執，情緒固執。因為大家勸董建不要酒駕，就是在破壞董建的情緒固執習慣，董建當然會心裡不舒服，與同事發生口角，一意孤行。

造成一個人固執心理的原因，主要有以下幾點。

一、認知失調。美國心理學家利昂．費斯廷格認為，人的固執心理是由認知失調導致的。他的看法是，當我們遇到信念與現實發生衝突的情況時，這種局面會導致自身的認知失衡，這時，我們就會感覺到心理衝突，從而想辦法恢復心理平衡。恢復心理平衡有兩種方法，一是承認和接受事實，二是找個理由來維持這種平衡。

董建沒辦法承認自己的工作安排是不合理的，他只好用「同事們的工作能力弱」這樣的理由來安慰自己，維持他內在的心理平衡。

二、思維定勢。以前認識事物的習慣可能會影響人們後來認識事物的方式。董建認為在外面和朋友聚餐，是一種風氣敗壞的表現，這可能是因為他對以前和同事朋友們一起去聚餐時的感受並不好，可能覺得聚餐就是喝酒閒聊，甚至會做一些品德敗壞的事。

三、自我防禦機制。有些固執的人並未了解到事物的客觀狀態，只是出於一種自我保護，篤定地堅持自己的看法。對很多事情的評判，我們嘴裡說著是是非非，可能並不是因為我們看到了真相，只是我們想要證明自己所說的是對的，是為了保護我們自己的自尊而盲目做出的判斷。

四、自尊心過強。固執的人大多是自尊心過強的人。他們只要被人指責、批評，就會用執拗、頂撞、攻擊、無理取鬧等方式來反駁，以此證明自己的「正確」，滿足自己的虛榮心，使固執的心理得到進一步的強化和發展。

五、浮誇、傲慢、懶惰、墨守成規。這些也是造成固執心理的重要因素。這些不良的心理會導致我們不願意關心自己身邊的人，不願意接納別人，對身邊發生的各種事情也漠不關心，這樣就很容易和他人發生摩擦。既不願意認真聽，也不願意好好說，那就只能越來越固執。

六、個人修養、交流對象。固執的人如果常常與那些性格隨和、善於應酬、靈活多變，且十分虛心的人交流的話，會改變自己的固執程度；固執的人如果與固執的人往來，可能就會變得更加固執。

一個固執的人和身邊的人是很難相處的，很容易出現夫妻不和、子女厭惡、同事關係緊張等問題。那我們該如何克服自己的固執心理呢？

一、克服虛榮心。固執的人很在意面子，不希望別人看到自己的缺點，但「金無足赤，人無完人」，不可能有人是絕對完美的。克服虛榮心的第一步，就是願意將自己的缺點和錯誤展露在別人面前，允許別人提出質疑，提出意見；第二步，不要總是吹牛，把自己放在一個很高的位置上，我們把自己的姿態擺得很高，不僅是在為難別人，也是在為難自己，因為事實上，我們根本無法達到那樣的高度。正確的做法是，我們要把虛榮心轉換成努力做事的進取心。

二、提高個人修養、豐富知識。提高個人修養的第一步是願意傾聽，聽別人說的話，聽別人的心聲，懂得別人是如何看待自己的。只有我們願意聆聽別人的心聲，我們才會明白，很多事情不是我們想得那麼狹隘，而是有很多種可能性。也只有這樣，我們才能從原來為自己設定的思維框架裡面跳出來，看看外面的世界，學會尊重和信任他人，學會寬容待人，接受新鮮事物，不再斤斤計較。

三、控制情緒。當我們因為自己固執的心理感到憤怒、氣急敗壞的時候，要想辦法控制自己的情緒。我們可以為自己準備一個小沙包，每當自己生氣的時候，就在沒有旁人在場的獨立空間裡，使勁地打它或踩它。當我們的情緒發洩得差不多了，再回到有人的環境裡。這時候我們可以坐在椅子上，閉上眼睛，回想自己剛才扔沙包時的場景。回想之後，我們再寫下自己扔沙包時的感受和回想時的感受。這樣我們就可以清楚地看到，自己是否真的喜歡固執了。明白固執的心理和行為給自己帶來了多大的傷害和痛苦後，才會使情緒得到更有效的控制。

四、閱讀人物傳記。法國數學家、哲學家笛卡兒說過：「讀一些好書，就是和許多高尚的人談話。」實驗也證明，經常閱讀偉大人物的傳記，能使那些個性固執的人得到心靈上的慰藉。在讀書的過程中，我們會發現，再偉大的人，他的生活中也存在著困難，面臨著麻煩，也有他無法左右的事情，他們會堅持做一件事，但不會固執、拘泥於一件事。透過閱讀我們體驗到這樣的心態，也會慢慢改變我們的思維方式，從而改變我們自身的固執心理。

五、勤於思考。固執的人無法將假設與現實區分開來，無法將主觀與客觀區分開來，這是因為，固執的人不愛思考。有些人得了病，死活都不肯去醫院醫治，非得在家裡拜佛，以誠意感動上天，讓上天保佑自己，以為這樣病就會好了。這些人如果理性思考一下，就會明白，自己這樣做是不可能讓病好起來的。如果這樣能治好病，為什麼我們還需要醫生呢？再進一步思考下去，為什麼拜了佛，病情卻沒有好轉呢？這樣一步步思考下去，他們就會意識到自己的錯誤，而如果他們長期不思考，因循守舊，就會失去思考能力，當遇到讓自己不順心的事情時，就容易陷入固執的情緒當中。

俗話說，一個人如果倔強起來，那是十頭牛都拉不回來的。如果倔強的結果是好的，那真是慶幸沒拉回來。但如果結果是頭破血流呢？因為固執而喪命的人，歷史上和現實中並不少見。所以，別為了固執一時爽，讓自己一世慘啊！

19

浮躁：心浮則氣躁

浮躁之人就像是在百花叢中東奔西跑追逐蝴蝶的人一樣，看似忙忙碌碌，但實際上很難真正靜下心來，站在那裡賞美景、聞花香或等待蝴蝶落下來。

劉雲和武平是在同一批招募考試中進入這家公司的。最開始培訓期間，兩個人的表現看起來並無任何明顯差別，不管是主管臨時分配的緊急任務，還是同事們拜託幫忙的瑣碎性工作，他們都是熱情十足地接受，並且完成得非常迅速和完美。

但慢慢地時間久了以後，同事們發現：面對一些諸如掃地、端茶倒水、影印文件等瑣事時，武平仍然和最初一樣隨叫隨到，在工作中偶爾還會提出一些富有建設性的建議；而劉雲則開始不斷找藉口，推諉拖延，還總在私下裡抱怨做這些工作對他來講實在是大材小用。

不知不覺半年時間過去了，踏實勤奮、任勞任怨的武平在部長的帶領下準確掌握了部門工作所需的核心技能，逐漸開始接手其他同事手上的重要工作，也越來越少有人讓他去做端茶倒水的瑣事。反觀劉雲，他難以放下自己碩士學歷的身分和架子，一邊嫌棄端茶倒水是沒有任何技術性質的工作，另一邊也不願意像武平一樣跟著比自己年紀小，但入職早、有經驗的同事學習。劉雲這種浮躁的心態和武平的踏實勤奮形成了鮮明的對比，最後他被主管「打入冷宮」，尷尬辭職也就毫不奇怪了。

所謂浮躁，通常是指急躁，不沉穩。如果將浮躁二字拆分開單獨來看，「浮」代表輕浮，是一種很不安穩的、沒有定性的狀態；「躁」代表躁動，是內心不安寧的意思。因此，這就是說，浮躁之人大多亂始於心，心先亂，而後則氣躁，最終給人輕浮、三心二意之感。

縱觀我們的生活和工作中，浮躁之人通常表現為：做事情沒有恆心，很難靜下心來踏踏實實地完成一件事；眼高手低，總想投機取巧，用最快的速度獲得最大的成果；既沒有能力承擔重任，又不願意一點一滴從小事做起，每天都在不被理解的委屈、不安、焦慮和衝動中度過。

浮躁之人就像是在百花叢中東奔西跑追逐蝴蝶的人一樣，看似忙忙碌碌，但實際上很難真正靜下心來，站在那裡賞美景、聞花香或等待蝴蝶落下來。他們心中往往有宏大的理想和目標，渴望更快地到達成功的彼岸，卻忘記了如果無法求得心的安寧、踏實做事，成功就會像蝴蝶一樣飛來飛去，永遠難以被真正觸摸到。

關於浮躁心理的產生原因，心理學家分析認為，這主要和現代社會高度發展的科學技術、即時共用的網路工具以及個體自身精力、調適心態的能力等方面存在密切的關聯。比如：娛樂報導中穿著光鮮亮麗的明星們，進進出出享受著女王或者王子般的待遇，還有粉絲們熱情的擁護和支持，時常給人一種彷彿他們只需要站在鏡頭前揮手微笑，就會有數不清的錢進入他們的口袋的錯覺。

這種錯覺會使得一部分少男少女們無心學習，不顧自身實力追逐明星夢，認為只要有顏值有身材，就能成為明星賺大錢，受萬人矚目，卻忽略了顏值和身材只能幫助他們暫時獲得人們的喜愛和追捧，而擁有一項出色的個人技能（比如好演技、高EQ、好人緣等）才是明星們長久維持人氣的祕訣所在。

因此，對於浮躁之人而言，要想更快地獲得成功，就需要從調整自我心態做起。具體做法如下：

一、準確評估自我能力、所處環境與夢想目標之間的差距。在確立目標之前，要先掂量一下自己究竟有幾斤幾兩。值得注意的是，這種掂量不是說僅憑個體自己做出的判斷，最好是能夠將同行業的前輩們、家中的長輩、身邊的朋友等較為了解自己的人提出的意見和建議都客觀全面地綜合在一起，才能更加明白自己的真正實力以及與現實之間的差距。

二、準確定位。經過前面對自我能力的評估後，可能有些人會看清現實，放下浮躁之心，踏實做事；而有些人一時之間仍然心緒煩亂，難以平靜。因此，這部分人需要在自我評估的基礎上，對所處的環境和自身在其中扮演的角色進行精準定位，以幫助自己更好地看清現實，避免隨波逐流和盲目攀比產生的焦慮感。

三、學會沉浸和放下。面對浮躁這個心理弱點，最根本的解決方式是獲得內心的安寧。而要想獲得內心的安寧，就需要學會放慢自己的腳步和摒棄過多的欲望，嘗試沉浸於當下所做之事。

正如《天龍八部》中看似毫不起眼的掃地僧一樣，他擁有絕世武功卻依然將掃地看作是最重要的工作，日復一日地默默將地打掃乾淨，獲得心靈的安寧。而如果換作是浮躁的人，他們只會關注表面膚淺的東西，從而潦草地應付完成每天的掃地工作，同時抱怨這種沒有技術性的工作為什麼要讓能力出眾的自己來做，難以看到掃地背後對於自身心性的磨練。

四、做事要有恆心，不能盲目攀比和見異思遷。一些急躁的人，看到別人成功了，內心就十分焦慮不安，也急切地尋求成功之道，尤其是當他們認為，對方和自己的能力相差不大，甚至對方的能力低於自己時，這更會加重他們的焦躁之心，進而使他們放任情緒，淹沒理智，導致自己距離成功卻越來越遠。

此外，當我們感到內心浮躁時，也可以藉助於閱讀、運動、傾訴等方式，釋放內心的壓力，獲得心靈上的寧靜。

總而言之，浮躁是因為心先亂了。只有運用上述方法，首先將自己的心神穩住，求得內心的安寧，我們才有可能打敗浮躁這個阻礙我們成功、幸福和快樂的最大敵人，讓我們變得更加從容和自信，腳踏實地，認真地工作和生活。

20

極端：不是黑就是白

心理學家認為，極端心理是指一個人的心理失去了常態，具體表現為：自己要完成某件事情，要麼做到最好，要麼自暴自棄；對他人做出的評價，要麼很好，要麼就是很壞；面對別人提出的意見建議，要麼認真聽取，要麼置若罔聞等等。

在一次網友聚會中，劉洋對活潑可愛、古靈精怪的秦莉一見鍾情，但直到聚會快要結束時，個性內向的劉洋才終於鼓起勇氣走到秦莉身邊向她打招呼，並成功要到了秦莉的聯絡方式。

此後，劉洋開始對秦莉展開了浪漫的愛情攻勢。秦莉也慢慢被劉洋的浪漫、溫柔和內斂所吸引，最終答應了劉洋先試著相處看看。但好景不常，失去了最初的新鮮感後，秦莉還是以不合適為理由，向劉洋提出了分手，不管劉洋如何挽回，她的態度都十分堅決。

這天下午，秦莉收到劉洋的LINE，上面寫道：「妳真的已經考慮清楚，不再給我們彼此一個機會了嗎？」秦莉回覆道：「不合適就是不合適，沒有必要勉強彼此。」劉洋：「那妳能最後見我一次嗎？我們再好好談談。」秦莉：「我們之間已經沒什麼好談的了，既然已經決定分手，也就沒有再見面的必要了。」劉洋：「妳是不是從來都沒愛過我？所以現在可以這麼絕情。」秦莉：「事到如今，說這些還有什麼意義。我祝你幸福，也希望你以後不要再來糾纏我。」

在他們發生這段對話後的第二天早上，正在熟睡中的秦莉突然被一陣尖銳而急促的門鈴聲吵醒。開門後，一位滿頭白髮的老婦人闖進來，拉著她就是一頓猛打，邊打還邊哭著說：「都怪妳這個小妖精。我兒子只是想在分手前再見妳一面，妳卻那麼殘忍絕情。現在妳可以放心了，我兒子再也不會來糾纏妳了。」直到此時，秦莉才得知劉洋因挽留自己不成而在半夜自殺身亡的消息。

像劉洋這樣為情自殺的人，對於時常關注社會新聞的人來講，並不陌生。心理學上將這種人的行為統稱為極端行為，而促使他們產生極端行為的原因，則要從極端心理說起。

在漢語釋義中，極端通常被看作是「事物發展的端點狀態，兩個最高峰，兩個互為對立的方面」。而心理學家認為，極端心理是指一個人的心理失去了常態，具體表現為：自己要完成某件事情，要麼做到最好，要麼自暴自棄；對他人做出的評價，要麼很好，要麼就是很壞；面對別人提出的意見建議，要麼認真聽取，要麼置若罔聞等等。

關於極端心理的形成原因，迄今為止心理學界並沒有得出統一的定論，但可以確定的是，它的產生和發展不僅有個體自身思想認知和情緒調節方面的原因，同時也與其幼年時期的生長環境、成長經歷以及當今社會存在的多元化價值觀帶來的衝擊等都存在著緊密的連繫。

如果想要在人際交往中迅速辨別出某人是否存在極端心理或極端性格，可以嘗試將以下兩個方面作為重要的判斷依據：第一，是否經常以自我為中心。極端的人說話做事往往很難接受別人的意見，主觀臆斷和控制他人的傾向較為嚴重。比如：甲遞給乙一顆蘋果，乙表示自己肚子很撐，不想再吃，甲當即將蘋果扔在了地上。

第二，情緒是否經常起伏不定。極端的人處理事情時，想法和手段通常較為偏激，不計後果。尤其是在雙方關係較為穩定時觀察，更容易看到他們卸下偽裝、「盡情」爆發的那一面。比如：經典電視劇《不要和陌生人說話》中，男主角安嘉和在外人看來是一個風度翩翩、文質彬彬的醫生，對妻子非常寵愛、尊重。但實際上，他卻是個殘暴成性的家暴狂。

而對於那些正在飽受極端心理困擾以及身邊有極端性格者的人來說，可以藉助如下幾種方法幫助自己和他人，了解極端心理的危害，並努力克服極端這個心理弱點：

一、明確極端性格對自身發展的負面影響。不可否認，擁有極端心理和性格的人，可能在生活中由於較好的偽裝和坦率的「非黑即白」的個性，擁有較強的個人魅力，容易吸引他人的注意和好感。但我們要知道，這些所謂的好感和注意都是非常短暫的。

伴隨著雙方接觸的增多，彼此之間的了解自然越來越深，矛盾和衝突也會越來越頻繁，個體極端行為出現的機率自然也會成倍地增長。輕則雙方撕破臉皮，重則可能毀人害己，釀成慘劇。

二、重塑自我認知，建立科學的認知模式。一個具有極端心理和行為的人，對於他們而言，世間的人和事都是固定不變的、絕對化的，非此即彼，非黑即白。但實際上，每個人、每件事不僅具有兩面性，而且無時無刻不在發生著變化。這個世界上並沒有絕對的黑或者白，更多的是介於二者之間的灰色。因此，這就需要他們能夠重塑認知，適應生活的多變，嘗試看到生活的多樣化。

三、學會適度減壓，同時建立更為溫和的情緒反應模式。具有極端心理和行為的人，哪怕外表看起來多麼積極熱情，樂觀開朗，在他們內心深處始終都有一個消極、偏激的「小孩」。一旦個體自身壓力太大，且沒有找到合適的途徑進行宣洩，就很容易觸發那個內心極端的「小孩」產生極端心理行為。此外，利用深呼吸、轉移注意力、自我想像等方法幫助自己建立更為溫和的情緒反應模式，對於控制極端心理和行為也非常有效。

最後，正如魯迅先生所說：「真正的勇士，勇於直面慘澹的人生，勇於正視淋漓的鮮血。」而真正想要尋求改變的人，也需要讓自己化作一名勇士，直面極端這個心理弱點，並尋求可行的自我改變之路，在不斷的嘗試中，擁有更加立體、多樣、可控的人生。

21

多變：只有三分鐘熱度

具體而言，多變通常被用來形容某人對待某事無法維持長久的熱情和興趣。多變的人往往擁有較強的好奇心，什麼都渴望體驗和感受一下，但又總是半途而廢，缺乏恆心和毅力，熱情來得快，去得更快。

大三那年，小雨突然喜歡上了十字繡，並且信心滿滿地表示，要將繡好的第一個成品作為生日禮物送給姐姐。最開始，她每天下課回到宿舍後，都會安靜地坐在床上聽著音樂廣播繡上一會兒。但一週之後，她開始向室友抱怨道：「十字繡真是太無聊、太枯燥了，再這樣繡下去，我眼睛都要瞎了。我想直接買個錢包送給姐姐。」室友勸說道：「既然答應姐姐要繡一個錢包當作禮物，妳可一定要信守諾言啊。」

小雨想想確實是這個道理。於是，她又斷斷續續地堅持著繡了一段時間。但畢竟最初的那股對十字繡的熱情早已經在煩瑣細碎的具體操作中徹底消失了，所以直到現在，幾年時間過去了，姐姐仍舊沒能收到她當初承諾的十字繡錢包。而那幅未完成的十字繡，也早已經不知道被小雨扔在了哪裡。

其實不只是繡十字繡，仔細回顧後我們就會發現，小雨的性格和想法一貫如此多變。比如：她曾經有一次突發奇想，想學習油畫，於是迅速網購了一大堆畫筆、顏料、畫板等專業繪畫工具，並報了一個價格不菲的油畫入門班。但上了兩三次課，她發現畫畫沒有自己想得那麼簡單時，就一邊說著「畫畫太難」、「老師諷刺我沒天賦」，一邊將那些畫筆和畫具束之高閣，徹底放棄了畫畫。

還有一段時間，受到來自各大美食 YouTuber 拍攝的「小清新」美食製作的影片的影響，小雨又喜歡上了做飯。只見她興致勃勃地為家裡添置了烤箱、果汁機、麵包機等廚房電器，以及電子秤、大大小小的蛋糕模具等廚房用具，但僅僅實驗了幾次烤披薩、打豆漿等食譜後，她又因為嫌棄做飯太麻煩而選擇了放棄，最終只好忍痛將這些昂貴的廚房電器一一送人。

生活中，諸如小雨一樣多變的人並不在少數。那麼，多變的心理弱點究竟有怎樣的具體表現形式？人又為什麼會出現多變心理，凡事只有三分鐘熱度？我們又應該怎樣改變現狀，克服多變這個心理弱點呢？

具體而言，多變通常被用來形容某人對待某事無法維持長久的熱情和興趣。多變的人往往擁有較強的好奇心，什麼都渴望體驗和感受一下，但又總是半途而廢，缺乏恆心和毅力，熱情來得快，去得更快。

相關心理學研究認為，導致人們想法多變的原因是極其複雜的，大致可以分為以下幾個方面：

第一，處於青春期、更年期、孕期等狀態的人，由於體內激素、黃體酮水準等方面的變化，對人、事以及食物的味道等都較為敏感，身體和情緒狀態自然也跟著反覆多變。

比如：孕婦小敏在半夜十二點突然想吃柳丁，不管丈夫怎麼勸說，她都表示必須要立刻吃到柳丁，不然就沒辦法安心入睡。但在丈夫跑遍大街小巷，終於在一家二十四小時營業的水果店裡買回來柳丁遞給她時，她卻厭煩地揮手叫嚷道：「快把柳丁拿開，我聞到它的味道就想吐。」

對於孕婦小敏來說，她最開始是真的特別想吃柳丁，但當丈夫真的把柳丁送到她面前時，她又吃不下了。她不是故意為難丈夫，也不是個性多變，而是真的在聞到柳丁味時感到難受噁心，這和孕婦本就特殊的身體狀態是分不開的。

第二，不了解自己，不清楚自己究竟喜歡什麼、想要什麼的人，很容易人云亦云，盲目地跟隨別人的腳步，然後又因為各種原因迅速放棄。比如：本文開頭案例中的小雨，就是這個類型的典型代表。

第三，做事時渴望快速得到正向回饋和看到最終結果的人，在短時成效達不到自己要求或者整個過程所需時間較長時，會更快選擇放棄，轉而投向其他新的目標。比如：菲菲上週剛報名參加攝影的學習課程，這週就表示要退出這個課程，轉而報名滑輪溜冰，只因為前一節課堂上，她發現相機複雜的參數很難理解，也看不到自己成為攝影師的潛力和能力，索性就早日放棄。

因此，多變的心理使得人們總是難以在一件事情上堅持下來，取得成功，而要想儘早克服多變這個心理弱點，人們可以從以下幾個方面做起：

一、清楚了解自己當前階段的身心狀態。這是因為人們只有首先弄清楚引起自己想法多變的原因，才好對症下藥。如果是身體因素導致的，那就需要以調理身體為主，情緒疏導為輔；如果是思想狀態、意識觀念方面的因素引起的，那請參照下述方法進行克服和改變。

二、明白自己真正想要什麼。找到自己真正感興趣的事情，再付諸行動，或者在想要放棄時，給自己一個時間限制，告訴自己再多堅持一下，然後再做決定。畢竟很多時候，效果就是在堅持的過程中慢慢展現出來的。

三、開始做某件事情前不要給自己太大的心理壓力，要學會自我激勵。正如本文開頭故事中的小雨一樣，她第一次繡十字繡就選擇了難度較高的錢包，還準備用此作為送給姐姐的生日禮物。這就像是給自己發布了一個艱難的任務，從而失去了最初作為興趣培養的美好感受；再加上初學者在最開始嘗試一件事情時，本就倍感艱難，在壓力之下自然很容易產生懈怠和放棄心理。因此，這就需要人們保持良好的心態，在面對目標時，不過度施壓，也不過度鬆懈；在改變想法和想要放棄時，還可以適當採用美食、購物等方法激勵自己更持久地堅持下去。

總而言之，儘管多變的人做事大多只有三分鐘熱度，但只要他們能夠藉助適當的方法，讓自己的熱情更長久一點，堅持的時間再多一點，他們必然也能夠讓人們刮目相看，獲得更大的成功。

22

反向：你讓往東，我偏向西

心理學中，反向心理是指個體受到某種原因的影響，對某些人或事產生對立、牴觸、反對等情緒的一種反向心理狀態。較之其他心理弱點，它具有明確的針對性與否定性，帶有強烈的主觀判斷和濃厚的個人感情色彩。

正值高三考取大學的關鍵時期，小雪卻被父母發現談戀愛，但不管母親怎麼軟硬兼施，小雪都堅決表示自己不會和男朋友分開，甚至還以離家出走的形式向母親示威。直到有一天，她聽到母親打電話給小阿姨痛哭道：「我也不想這樣逼她，但我實在不想看到她小小年紀，就被這所謂的愛情沖昏了頭腦，耽誤了大好青春，影響一輩子的前途。」

正是這一番話，讓小雪明白了母親並非是有意要拆散他們，只是害怕她沉迷愛情，荒廢學業，擔心她將來因升學考試失敗而後悔。於是，想通了這一點之後，她主動找到母親表態道：「我們會先分手，專心學業，等學測結束以後，如果我們還像現在一樣喜歡對方，到那時再重新在一起。」

心理學中，反向心理是指個體受到某種原因的影響，對某些人或事產生對立、牴觸、反對等情緒的一種反向心理狀態。較之其他心理弱點，它具有明確的針對性與否定性，帶有強烈的主觀判斷和濃厚的個人感情色彩。

更進一步來講，擁有反向心理的人在日常生活中通常表現為：與人溝通時，情緒想法較為偏激，喜歡透過言語故意頂撞對方；面對他人的要求和好意勸告時，要麼十分煩躁，無法耐心聆聽，要麼消極冷漠，置若罔聞。比如：你讓他往東，他偏要向西；你對他說甲好，他非要說乙才是最好的等等。

關於導致個體產生反向心理，對他人的要求採取相反的態度和言行的原因，心理學家一般認為與以下四個方面存在密切的連繫：

第一，為了維護個體的自尊心。在一項關於反向心理的心理學實驗中，實驗人員將三個水杯倒扣在桌子上，並且在其中一個水杯下面放置了一枚硬幣，然後邀請第一組的孩子進入這個房間玩耍。一段時間過去後，三個杯子似乎並未引起孩子們的注意，全都安然無恙。

當第二組孩子入場後，實驗人員故意大聲強調不可以亂動桌子上倒扣的水杯，尤其是放置有硬幣的水杯，否則將會接受嚴厲的懲罰。但儘管如此，倒扣的水杯，尤其是中間那個放置有硬幣的水杯，在這次的整個實驗過程中，曾不止一次地被孩子們拿起和挪動。

之所以會出現這種現象是因為，在第二組孩子心中，實驗人員一開始強調的具有明顯懲罰性的威脅傷害了他們的自尊心。他們認為實驗人員既不信任他們，又從心理上蔑視了他們，因此基於維護自尊心的需求，他們產生了「憑什麼他說不能動，我就不動」、「不過是個水杯而已，他有什麼資格懲罰我」等反向心理和行為。

第二，滿足好奇心的心理需求。不管是成人，還是兒童，面對世間萬物都會抱有強烈的好奇心，尤其是當某種事物被明令禁止但又沒有附加任何解釋時，人們往往會做出各種嘗試去尋求答案，以滿足好奇心的心理需求，並且根據好奇對象的吸引程度而出現輕重程度不同的反向行為。

第三，想要標新立異和證明自我的心理需求。這種情況通常更多地出現在青少年身上。對於正處於性格形成和尋找自我這個時期的青少年而言，他們希望透過打破常規和否定權威等方式，來贏得他人的注意，獲得自我肯定的滿足感。因此，在與家長、教師乃至社會的對峙中，越是不讓他們接觸的東西，他們越想接觸；越是不想讓他們知道的事情，他們越是要千方百計地去了解和嘗試。比如：談戀愛、染髮、打遊戲等。

第四，由於較為特殊的生活經歷，導致個體對他人或某事產生較強的對立情緒，在這種對立情緒的影響下，個體很容易在遇到同樣的事情時，習慣性地產生反向心理，任憑對方如何苦口婆心地勸說，他們都會將對方的言行看作是虛偽的和別有用心的。

比如：某人遭遇戀人出軌後，面對父母給自己介紹對象的行為，會表現出很強的抗拒和對立情緒，輕則與父母發生激烈爭吵，表示不願意再相信愛情，重則採取離家出走、斷絕關係等極端手段來表達對父母要求的反抗。

面對反向心理這種「固執偏激」的思維習慣，人們應當採取何種方法從源頭上將其克服呢？具體做法如下：

一、學會保持冷靜和換位思考。很多擁有反向心理的人，在感到被控制、被強迫、被命令以及被規定時，會瞬間產生抗拒、憤怒和煩躁等負面情緒，很難控制自己說話的語氣，會說出一些氣話，做出一些衝動的事，正如前面案例中的小雪一樣。因此，這就需要當事人時刻提醒自己，運用深呼吸、轉移注意力等方法幫助自己克制反向心理，盡量保持冷靜的頭腦，換位思考，讀懂對方看似控制表象下對自己的關心和愛護。

二、學會與人溝通，多表達自己內心的真實想法和需求。對於很多處於反向心理狀態下的人來講，他們通常認為別人都不懂自己，但在溝通中又難以準確地向別人表達自己的想法，因此，他們很容易在與他人溝通的過程中形成對立狀態，這絲毫不利於雙方間情感的交流和問題的有效解決。

面對這種情況，這就需要有反向心理的人在與人溝通時，要勇於表達自我內心的真實想法、感受和需求，而不是固執地對抗和僵持。只有說出來，對方才能明白你到底想要什麼，才能找到更合適的解決辦法。

三、自我完善，強化心理素養。關於反向心理，並無絕對的對錯之分。如果個體只是想要堅持自己的夢想，追求自己真正想要的東西，同時又沒有傷害到他人時，面對他人發出的反對的聲音，面對自己雖理性溝通卻難見成效的無奈時，我們完全可以告訴自己，世界上沒有人能完全了解另一個人，只要自己覺得好就行。也就是說，在這種情況下，我們可以憑藉強大的心理素養和自我暗示，來緩解自我遭到壓制與反對時產生的反向心理。

總而言之，反向心理的出現並非是反向者一個人的問題。不僅反向者本人需要不斷地調整心理狀態，努力克服反向這個心理弱點，同時，也需要導致反向心理形成的另一方，比如父母、教師、主管等人，能夠和反向者一起反思，從問題源頭上共同努力，避免成為反向人群的催生者。

23

思維定勢：打破思維的牆

思維定勢是人們「在反覆使用中所形成的比較穩定的、定型化了的思維路線、方式、程式和模式」，因此它很容易阻礙個體思維的開放性和靈活性，催生思維的惰性，造成思維的僵化和呆板，進而影響人們創造性思維的產生和發展。

有這樣兩個故事：

第一個故事講的是，一頭豬在爭奪王位中慘敗，並因不堪其辱而自殺身亡。來到陰間等待投胎轉世時，牠一直坐在角落裡，邊哭邊嘴裡碎碎唸個不停。

閻王看到牠後忍不住問道：「你傷心我可以理解，但你嘴裡在不停地說什麼呢？」豬：「我在祈禱閻王爺大發慈悲，下輩子讓我投胎為人。我再也不想做可憐的豬了。」

閻王頗感興趣道：「假如讓你投胎為人，你長大後準備做什麼？」豬抬起頭恨恨道：「如果讓我當人，我就拿一支槍，將那些當初爭奪王位時暗算我、欺騙我、欺壓我的豬，通通打死。我要重新奪回原本屬於我的王位。」

第二個故事是說，在一場講座活動中，演講者向聽眾們提問道：「一位老人和警察局局長站在馬路邊聊天，突然跑過來一個小孩拉著警察局局長說『你爸爸和我爸爸吵起來了』。現在已知這個小孩是警察局局長的兒子，請問小孩口中吵架的這兩個人和小孩自己分別是什麼關係？」

此問題一經提出，臺下立刻發出此起彼伏的回答聲。有說是這個孩子的爺爺和乾爹，有說是孩子的爺爺和繼父。總之答案千奇百怪，但沒有一個人回答正確。直到演講者準備公布正確答案時，有一個小孩站起來大聲說道：「那兩個人是孩子的爸爸和局長的爸爸。」

演講者立刻鼓掌對其表示肯定和鼓勵。但仍然有聽眾不解道：「故事裡的小孩對局長說的明明是『你爸爸和我爸爸吵起來了』，剛才的答案聽起來怎麼像是重複題幹的廢話呢？」

演講者微笑反問道：「如果局長是名女性呢？」

仔細分析這兩個故事我們就可以看到，不管是投胎報仇的豬，還是回答問題的聽眾們，他們共同的特點在於：想問題、看事情時，總是慣於按照既往經驗來思考和回答，鑽進了思維定勢的迷宮。

對於那頭豬而言，牠投胎成人之後，明明有那麼多美好的事情可以去體驗，但牠卻沒有擺脫當豬時的思維模式，只想著如何拿槍回到豬王國去報仇，奪回那個豬皇位。

而關於演講中的互動問答，演講者僅僅提出了一個很簡單的問題，但最後的結果卻是一群大人的智慧還不如一個小孩子。這是因為在大多數成年人的既往經驗和思維定勢裡，普遍認為警察局局長應該是男性，因此，在回答演講者提出的問題時，他們也習慣性地站在了「局長是男性」這個角度去推理答案，自然也就越想越困惑，難以找到正確答案；反之，小孩子較之大人沒有太多的社會經驗，很少受到思維定勢的限制，回答正確也就順理成章了。

那麼，究竟什麼是思維定勢？它有哪幾種表現形式？又該如何打破思維定勢，不被原有思維框架束縛，培養創造性思維能力呢？

所謂思維定勢，在心理學中又被稱為「慣性思維」。它是指人們在遇到問題時，會下意識地按照既往經驗，遵循比較固定的思路去思考、分析和解決。在較為固定、單一的情境下，藉助思維定勢能夠幫助人們快速分析問題，縮短思考時間，提高解決問題的效率。但值得一提的是，一旦人們習慣的情境發生變化，他們就會像本文開頭故事中的聽眾一樣，徘徊在思維定勢的迷宮中，難以找到新的出口。

此外，由於思維定勢是人們「在反覆使用中所形成的比較穩定的、定型化了的思維路線、方式、程式和模式」，因此它很容易阻礙個體思維的開放性和靈活性，催生思維的惰性，造成思維的僵化和呆板，進而影響人們創造性思維的產生和發展。

正是因為思維定勢具有強大的慣性和頑固性等特點，人們才更加需要藉助科學的方法來打破思維的牆，改變自己的思維定勢，逐步培養開放的、富有創造性的思維方式。

具體方法如下：

一、隨時保持警覺，學會逆向思維。作為一種相對格式化的思維模式，思維定勢還具有一定的隱蔽性、持續性和頑固性。它可以經由道聽塗說、耳濡目染、自我感悟等途徑形成，而且一旦形成，往往會如同到點吃飯、睡覺等生活習慣一樣非常自然地存在於人們的頭腦中，讓人沒有防備。因此，這就需要人們在改變過程中，要隨時保持足夠的警覺。

比如：清朝時期，樂進士和同村的首富譚家定了娃娃親。但當譚家長輩逐一去世，譚家家道中落後，樂進士想要賴婚。這天，趁著譚家長子，也就是樂進士的女婿譚振兆前往家中拜訪之際，樂進士當場寫了兩張字條，團起來放在手心裡，對譚振兆說道：「這兩張紙條，分別寫著『婚』和『罷』。你抽到哪個，我們就按照哪個來。」

譚振兆頓時心頭一涼，他知道不管自己抽到哪張紙條，上面都一定寫著「罷」，這是樂進士明著告訴自己不要再妄想成為他的女婿。他垂頭低眉，想要徑直放棄以保留最後的尊嚴。正當他準備轉身離開時，他忽然意識到，就算樂進士兩張紙條都寫著「罷」字，難道自己就沒有一點辦法了嗎？不能輕易地陷入這種固化的思維陷阱啊！

於是，他振奮精神，立刻拿起其中一個紙團吞進口中，然後指著剩下的紙條對樂進士說：「你打開這張紙條，如果寫著『婚』，我二話不說轉身就走；如果寫著『罷』，你也要遵守諾言，將女兒嫁於我。」樂進士氣得吹鬍子瞪眼，但因為是自己一手製造的這個賭局，只好願賭服輸。

如果譚振兆沒有及時警覺，任由自己陷進「樂進士想悔婚，自然兩張紙條都寫著『罷』，不管我抽到哪一張婚約都必定作廢」的思維定勢，也就不可能出現「機智吞紙條，反敗為勝」的局面，更無法成功守住這門婚事。

二、時常更新觀念，多聽、多看、多了解。面對兩張疑似通緝犯的照片：一個人長相英俊，面容可親；一個人外貌醜陋，衣服破爛不堪。人們更容易將外貌醜陋的人看作是罪犯，而認為長相英俊的人看起來就很有道德修養，不會做出違法犯罪的事情。

這種想法同當今社會盛行的「某某國家的人都是小偷」、「專家說的話一定對」、「誰有經驗聽誰的」等觀念一樣，充滿了思維定勢的色彩。但實際上，長相英俊的人也可能是凶殘的殺人犯，專家說的話也不一定對，凡事還要多聽、多看、多了解，不斷地更新既有觀念，警惕思維定勢，不做井底之蛙。

三、獨立思考，勤於思考。對於容易受到思維定勢這個心理弱點操控的人而言，他們大多在生活中懶於思考，喜歡從眾，並且盲目相信自身既有的經驗以及權威人士提出的觀點。要想成功擺脫思維定勢的控制，就必須從勤於思考、善於思考和獨立思考這三個方面做起，進而培養開放性、多元化的思維方式。

四、有意識地培養發散性思維，藉助豐富多彩的社會活動等新事物刺激自己，拓展思路。有句話說：「死守經驗，經驗就成了偏見。」尤其對於一些自認為有經驗、有話語權的人而言，他們更需要多接觸新鮮的事物，多體驗不同的經歷，在新的經驗中獲得新的啟發。

總而言之，人的思維空間是無限的，能夠把思維困在原地的，也只有人類自己。唯有鼓起勇氣，打破思維裡的牆，跳出思維困境，人類才能擺脫思維定勢的影響，培養多元化、開放性思考的能力。

24

悲觀：一切都是最壞的安排

悲觀的人的解釋風格大都是永久、普遍、人格化的。比如：一個人考差了，認為是自己笨，那這個問題就是永久的、普遍的。智商怎麼去改變呢？但他如果將這次考試失利解釋為是這段時間自己不夠努力，那成績下滑的問題就是可以解決的。

陳平的父親身患肺癌，癱瘓在床已經有十多年了。

有一天清晨，陳平替父親準備了油條作為早點。陳平前一晚上在公司值夜班，早上的時候比較疲憊，就沒注意到油條是生脆的食物，父親是難以下嚥的。結果，父親仍然按部就班地吃著兒子準備的早飯，不出意料，父親的喉嚨被堅硬的油條卡住了。

父親被卡住後，無法拿到水，也無法發聲向兒子呼救，過了好一會兒，陳平才看到父親難受的樣子。發現父親的喉嚨被噎住，陳平本可以及時餵水給父親，但出乎意料的是，他看到父親因喉嚨卡住上身不斷抽搐的樣子，整個人呆住了，癱坐在父親的床邊，邊哭邊喊：「爸，這怎麼辦，這回肯定是不行了，這回肯定是沒救了……」父親最終在兒子的哭聲中撒手人寰了。陳平見狀哭得更厲害了，徹底陷入悲傷之中。

另一個故事是這樣的。有一家人正在上班，突然接到了鄰居的電話：「你們家失火了。」等這一家人趕回家的時候，大火已被消防隊撲滅了，但家裡的一切都幾乎化為灰燼，不過他們沒有怨天怨地，沒有互相指責，也沒有傷心絕望，而是互相慶幸著、彼此鼓勵著。他們甚至還在燒毀的房子裡比著剪刀手，微笑著照了一張全家福。

後來有記者採訪他們，他們說：「房子雖然燒了，但人都是平安的，只要人都在，家就還在。重新裝修好又會是另一番景象，現在留張合影，以後對比著看，會很有紀念意義。」

還有一個跟很多人的情感經歷都非常貼近的故事。一個叫小宇的男生，生得斯文靦腆，有一次他在逛林家花園的時候，搭訕了一位獨自來板橋旅遊的女生，這個女生健談風趣，會主動找話題跟他聊天，他對這個女生感覺很好。

在兩人漫步於河邊，彼此談天說地之時，女生主動地挽起了他的手臂，小宇很心動，想要進一步與女生親近，可是女生拒絕了，不允許擁抱，更不允許接吻，也不允許摟腰。但女生願意繼續摟著他的手臂跟他聊天。

小宇被拒絕後，就開始想，女生是不是並不喜歡他，只是想玩玩，是不是馬上就要跟他說「再見」了。他越想越心神不寧，心裡很不自信，都不敢開口向女生要聯絡方式。

走著，走著，兩人又走回了林家花園。女生指著那棵大樹說：「又回到我們剛才認識的地方了，你知道這是什麼意思嗎？」

小宇故作堅強地說：「是指從哪個地方開始，就從哪個地方結束？」女生沉默了一會兒，說：「好吧，那我們就在這裡說再見吧。」女生轉身消失在茫茫人海之中，小宇卻待在原地，悵然若失。

沒有人不想樂觀地面對生活，那是什麼讓我們走進悲觀的死胡同呢？我們先看看第一個故事，陳平的悲觀情緒來自他認為父親一定難逃此劫。首先，陳平可能極少見到他父親發生這種狀況，他受到了驚嚇，隨之而來的就是判斷力失常。他先是極度的恐慌，然後他的意識告訴他，他沒辦法解決這個問題，在他的哭喊聲中，父親的狀態沒有得到好轉，陳平就更確定父親沒救了。在他的心裡，就算餵水給父親也是沒有任何作用的，因為他已認定父親過不了這個坎兒了。這種悲觀情緒裡面包含著他對自己的極度不信任，陳平不相信自己能讓父親的狀態好轉，他覺得自己是無能的。陳平身上還有習得性無助的因素，就是他感覺自己無論做什麼都無法改變命運。他持續地哭喊，其實是沉溺於這種無助感中，至少他不去做什麼，就不會看到努力過後仍舊失敗的結果。

那第二個故事中，是什麼讓一家人如此樂觀、豁達呢？他們很明白房子沒有人重要，沒有人員傷亡乃是萬幸，那還有什麼好指責，好抱怨的？在他們看來，沒有人受傷就是很大的幸運了。

塞里格曼（Martin E. P. Seligman）提出，解釋風格決定著人們是悲觀還是樂觀。陳平認為父親沒有希望了，是對自己的一種否定。他還認為，癌症患者一旦發生點什麼事，就一定沒辦法挽救，這是永久性、普遍性、人格化的解釋風格。如果他把父親的這次意外歸結於只是早飯時卡了食物，喝點水，拍拍背，便可緩解，那這種解釋就是暫時性的、非普遍和非人格化的解釋風格。悲觀的人的解釋風格大都是永久、普遍、人格化的。比如：一個人考差了，認為是自己笨，那這個問題就是永久的、普遍的。智商怎麼去改變呢？但他如果將這次考試失利解釋為是這段時間自己不夠努力，那成績下滑的問題就是可以解決的。

在第三個故事中，小宇身上有個非常典型的內向型人格的思維特點，即自我指向性。在小宇想要進一步親近對方時，被拒絕了，於是他就開始想是不是對方不喜歡自己。小宇是個靦腆的男生，比較內向，他的內心是相對封閉的，封閉的內心容量就會小，所以，一旦被拒絕，這件事在小宇那裡就會被放大，而且小宇會反反覆覆地想，這樣就加重了他的負面情緒。他把注意力都放在被拒絕這件事上，卻沒有想到，他和女孩只是萍水相逢，女孩能跟他那樣親近，已經是一種接受他的態度表達。如果他看到了這一點，他就會明白自己想要進一步親近的做法非常冒失，被拒絕也是正常的，他也就不會因為這件事對自己和女孩的關係持悲觀的態度了。

極端的悲觀者往往更加爭強好勝，得失心重。對於他們想要做好的事，很多時候，他們會因為注意力過分集中於一點，產生強烈的緊張情緒而導致失敗。他們越想要做好，就越害怕做不好，繼而產生悲觀的情緒。

有悲觀情緒很正常，重要的是，我們該如何應對這種情緒呢？

一、在遇到困難、挫折和犯錯之後認真思考，要思考兩個方面的問題，既要考慮外界因素（生活環境、工作環境、家庭環境、同事關係……）造成的影響，又要進行自我批判，看到自身的失誤和缺陷。這才是全面的、開放性的思考。

二、理性面對悲觀情緒發作時突然冒出來的想法。例如，一位有三個孩子的父親，在孩子上學前總要對他們大聲說教一番，等他們走後，他又非常後悔自己的這種行為，覺得很沮喪。這時，父親冒出的想法是，「我真是個糟糕的爸爸」。在心理治療中使用認知療法時，就要求我們認真地去感知這個事後突然出現的想法，知道這是自己對剛才行為的解釋，並分析這種解釋是否合理。

三、與腦海中冒出來的想法做抗爭，舉出與之相反的例子。如在上一段的那個示例中，父親可以認真想一想證明自己是個好爸爸的那些例子，與之前「我真是個糟糕的爸爸」的想法做抗爭。

四、重新解釋自己的行為。上文示例中，父親早上會對孩子們那樣，但下午和晚上不會，可能父親不適合早上與人過多交談。這樣的解釋是正面的、有可能的，能夠有效地抵制之前那種消極的念頭。

五、要學會認識和質疑那些使自己感到悲觀的假設。因為早上大聲說教的事，這位父親覺得自己是個糟糕的爸爸，但事實不一定就是這樣。或許孩子們很討厭說教，一個字也不想聽；或許孩子們雖然覺得有點煩，卻因為父親的說教提醒他們在這一天的校園生活中要注意哪些方面，從而避免了一些錯誤的發生，所以他們反而是感謝爸爸的。

悲觀的人與樂觀的人最大的不同是看問題的角度不同。同樣是在沙漠裡，同樣只有一瓶水，悲觀的人說：「哎，這可怎麼辦，我只有一瓶水，早晚得渴死啊……」樂觀的人說：「哇，我真幸運，在乾旱的沙漠裡，我還能有一瓶水呢！」事情本來就沒有絕對的好、絕對的壞，關鍵就是我們怎麼想怎麼看。我們想要樂觀，悲觀是找不上門來的；同理，我們想要悲觀，樂觀也絕不會打擾我們。悲觀？樂觀？就看我們的選擇了。

25

憤怒：始於瘋狂，終於遺憾

美國心理學家戴爾（Wayne W. Dyer）在《鑽出牛角尖》（*Your Erroneous Zones*）中稱，憤怒是指「當事人事與願違時做出的一種惰性反應」。獵人唯一的孩子遇害了，他很絕望，他的內心是非常難過的，這時只有將狗打死才能發洩他的憤怒，緩解他的痛苦，而且這比冷靜分析事實真相更容易做到，是一種簡單、消極的惰性反應。

一位獵人的老婆在生孩子的時候，難產身亡。還好他的家裡有一條跟隨他多年，對他十分忠誠的狗。這條聰明能幹的狗自然而然地承擔起了照顧嬰兒的重任。

有一天，獵人有事情外出，晚上很晚才回來。狗看見主人回來了，十分興奮，快樂地出來迎接。可是，獵人看到狗的嘴上全是血，他本能地覺得是發生了什麼不祥的事。他心想，莫非是狗一時獸性大發，把孩子給吃了？獵人跑到孩子的床邊一瞧，孩子果然不見了，而且床上血跡斑斑。獵人頓時憤怒不已，狂怒之下，他拿起棍子，將狗活活打死了。

就在獵人打完狗，傷心欲絕的時候，卻聽見從床底傳來了哭聲，然後就見孩子哭著從床底下爬了出來。獵人這才發現，原來自己錯怪了狗。

獵人想弄清楚究竟是怎麼回事，就在屋裡屋外四處查看，接著他居然在屋外不遠處發現了一隻體型巨大的狼。這隻狼看樣子是被活活咬死的，獵人終於反應過來，再去看狗的腿部也被嚴重抓傷了。

獵人家住在山區，這頭山上的野狼盯上了他的孩子，偷偷溜進獵人的家裡想要吃掉孩子，狗奮不顧身地衝上去與惡狼搏鬥，費盡全身力氣才保住了孩子的性命。

獵人知道了真相之後，非常懊悔，在家裡號啕大哭，可是這一切已經無法挽回了。他被喪失理智的憤怒蒙蔽了雙眼，殺死了自己最忠誠的朋友。

從這個故事中我們可以看出，獵人之所以會憤怒，是因為他認定是狗咬死了他的孩子，這使他勃然大怒，難以控制自己的情緒，在衝動之下將狗打死。獵人的情緒失控與心理學上的刻板印象有直接關係。刻板印象講的是，人們對某一類人、某一事物、某一現象有一種固定的印象，遇到這類人、這類事物時，就以頭腦中已有的固定印象作為評判依據。

獵人看到狗嘴上全是血，就認為是狗獸性大發，把孩子給吃了，這是因為在房子裡只有狗和孩子，那狗嘴上的血肯定就是因為吃了孩子。獵人帶著這種錯誤的假設去床上找孩子，結果沒有找到，因此獵人就判定是狗吃了孩子。在這裡，有兩個因素導致了狗被打死的結局：

第一個因素，是獵人對狗的刻板印象。如果在家陪伴孩子的是兔子、鴨子，牠們嘴上帶血，獵人也不會直接想到是牠們吃了孩子，但狗不同，狗獸性大發是極有可能咬人的。但這個結論不是絕對的，孩子不在床上，也不一定就是被狗吃了。可是，失去理智的獵人已經無法冷靜地分析和判斷。

第二個因素，當獵人認定是狗吃掉孩子後，他非常憤怒，被憤怒情緒所控制的人，他的認知範圍會受到限制，理性分析能力會削弱，理智對行為的控制能力喪失。美國前外交官英格索爾（Robert Stephen Ingersoll）曾說：「發怒常將理智的燈熄滅。」怒火中燒的獵人已經沒有思維能力去挖掘事情的真相了。在憤怒情緒的控制下，他就會做出極端的過激行為，以至於殺害了自己最好的朋友。

別看獵人憤怒起來，採用的是一種暴力行為，就認為他的態度是強硬的，其實，他的憤怒是來自他深深的絕望和恐懼。一般來說，我們認為發怒、施暴，對我們的身心都會產生巨大的傷害，但實際上，恐懼和絕望帶來的傷害更大。美國心理學家戴爾在《鑽出牛角尖》中稱，憤怒是指「當事人事與願違時做出的一種惰性反應」。獵人唯一的孩子遇害了，他很絕望，他的內心是非常難過的，這時只有將狗打死才能發洩他的憤怒，緩解他的痛苦，而且這比冷靜分析事實真相更容易做到，是一種簡單、消極的惰性反應。

客觀地說，憤怒並不完全是一種消極的心理特質。有時，憤怒會給予人力量。比如在戰場上，戰士想要為犧牲的戰友報仇，就會有一種憤怒的情緒湧上心頭，這種憤怒會使戰士更有鬥志，更有力量。

還有，憤怒可以幫助我們看出破綻。曾經有一個關於憤怒的實驗：心理學研究者邀請了一批大學生志願者，並要求其中一半的人回想令他們生氣的事。為了放大情緒效果，研究者讓另一半志願者說出自己的夢想，然後讓一名研究者偽裝成志願者之一，當面批判他們的夢想，激怒他們。在激怒他們之後，研究者給他們看一篇財經方面的論文，然後憤怒的志願者們被要求評價此論文的邏輯。實驗結果證明，陷入憤怒中的人更能看出哪些論點是沒有依據的，哪些論點是強有力的。這說明，有時候一定程度的憤怒能讓我們進入一種批判性的思考狀態。

但更多的時候，憤怒是一種消極的情緒狀態。在輕微惱怒和勃然大怒之間的任何一種狀態都可以稱之為憤怒。憤怒會影響我們的心理和生理狀態，當處在憤怒情緒之中時，我們的心跳加快、血壓升高，腎上腺素、去甲腎上腺素的分泌也會增加。這些生理反應極易使我們患上心臟病、高血壓、肝臟疾病、胃潰瘍、皮疹等疾病。

很多人都認為發怒生氣是不對的，會受到他人的排斥。但如果我們的憤怒實在控制不住，還要一味地將其壓制下去，不和他人發生衝突，這就是正確的嗎？答案當然是否定的。

一味地壓抑憤怒，會使我們的內心更加狂躁，使我們變得更敏感易怒，這種長期壓抑的情緒可能會讓我們患上憂鬱症。而且，情緒壓抑得太久，雖然不會引起表面上的衝突，但我們可能會選擇在背地裡傷害別人。所以，當憤怒來臨時，一味地壓抑不會使怒火消失，而是會讓怒火在內心發酵、膨脹。

那我們該如何更好地疏導自己的憤怒，或者該如何平息我們的憤怒情緒呢？不妨嘗試以下方法：

一、從橫膈膜（胸腔和腹腔之間的分隔）開始進行深呼吸，想像你的呼吸是從你的內臟開始的。

二、緩慢地重複一個可以讓自己冷靜下來的詞彙，比如「輕輕的」、「慢慢的」、「放輕鬆」等。一邊深呼吸，一邊反覆對自己說。

三、回憶自己曾經非常放鬆的場景，持續地想像那些靜謐、安寧的畫面。

四、養成練瑜伽，打太極的習慣。這些運動都是修養身心的運動，會使人的內心保持平靜。

五、平心靜氣的三大法則：降低聲音，放慢語速，挺直身體。降低聲音：憤怒時，生氣的人聲音會很大，從而刺激人的神經，讓人進入一種衝突、爭鬥的心理狀態，若降低聲音，就會使人慢慢平靜下來；放慢語速：生氣時，人說話的語速異常地快，這樣會使人內心更急躁，心中的怒火更加難以平息，如果放慢語速，則會讓人的心情平緩下來；挺起胸部，身體筆直，會淡化緊張衝突的氣氛，因為生氣時，我們的身體會前傾，會將臉接近對方，造成緊張的局面，從而引起衝突。

六、閉口傾聽。當我們感到憤怒時，盡量不要說話，先試著聽聽對方是怎麼說的。在不說話的時候，自己默數數字，從十數到一，這樣可以幫助自己恢復平靜。而且在自己沉默的時候，別人說的話會成為我們安靜時的主要感受對象，當我們認真聆聽對方的話時，也許會發現，對方說的也有道理。

七、轉移注意力。當憤怒情緒難以控制時，我們可以試著將注意力轉移，這樣我們不對別人發火，也能發洩自己的情緒。例如，我們可以去跑步、寫信傾訴、大聲唱歌、對著遠方大喊，透過另一種形式的活動來釋放我們的憤怒能量。

八、認知重組。要改變我們對消極現象的看法，突破原有的思維模式。家裡的小孩不小心把花瓶打爛了，家長這時要將「孩子太調皮，把花瓶打爛了，我要好好教訓他」的想法換成「花瓶怎麼就那麼容易被孩子碰倒了呢？看來下次我要找個孩子不易碰到的地方放花瓶了」的想法。改變了思維模式，就改變了我們對消極事物和現象的看法。這樣一來，我們就不會那麼容易生氣了。

九、想像中看清真相。當我們感到憤怒、急躁時，想像世間所有人都臣服於我們，我們在大街上大搖大擺地走著，我們擁有很多東西，比如房子、店鋪……越想下去，你會發現自己想要的越來越多，自己的不合理要求越來越多。慢慢地，我們會發現，自己憤怒的時候對他人提出的批評、指責，都是一種不合理的要求。我們沒有理由要求別人按照自己的意願行動，更不用說因為別人沒有滿足我們的要求而發怒了。

我們時常覺得對自己發怒的人是惡魔，很恐怖，很可怕。那我們對別人發怒的時候，不也成了魔鬼嗎？所以我們要學會理解別人的憤怒，也要學習控制自己的憤怒，這樣才不會傷人傷己。

26

孤獨：我總是一個人

孤獨，是我們主觀地認為我們與他人、與社會是一種隔離與疏遠的狀態，這不是一種客觀的狀態，而是來自於我們的主觀感受。心理學家弗羅姆（Erich Fromm）曾說過，我們或許可以承受飢餓和壓迫等種種痛苦，卻很難忍受所有痛苦中最痛苦的一種，那就是孤獨。

曉翠的爸爸經常出差，平時只有媽媽和曉翠在家。因為曉翠家很有錢，所以她的媽媽也不打算出去找工作。但是曉翠不喜歡和媽媽說話，她總是一個人待在房間裡玩洋娃娃。

原來，曉翠的媽媽雖然不出門工作，但幾乎不跟曉翠交流。她總是邀請很多朋友來家裡喝茶、打牌，聊一些曉翠根本聽不懂的話，甚至經常到晚上一兩點了，曉翠還可以聽到媽媽和她的朋友打麻將的聲音。

曉翠不敢跟媽媽抱怨，她害怕媽媽打她，她只是個小女孩，是個弱者，她選擇默默地承受這一切。

有時，媽媽會把曉翠丟給保母照顧，出門去跟她的朋友們購物。曉翠和保母阿姨也是說不上話，她只能每天對著她的洋娃娃自言自語。

曉翠很喜歡上學，因為上學就可以看到很多同齡的孩子，就可以和同學們一起玩了。有一次，曉翠想要和美美她們一起跳繩，但發現自己不知道怎麼開口說這件事，想著自己平時沒有和美美她們一起玩過，也沒有跟她們一起聊過天，就有點不好意思跟美美她們說一起跳繩的事。

就在曉翠想著這些事的時候，美美很熱情地跑過來邀請曉翠一起去跳繩。曉翠非常意外，也很感動，她接受了美美的邀請。

她們有五個人一起跳繩，原本只有四個人，兩兩搭檔，但現在曉翠來了，大家就不知道該怎麼組合了。美美見曉翠不知道該怎麼辦的樣子，就對大家說：「那就這樣吧，讓曉翠加入我們第一組，我們三個人一組。」大家一聽到美美的這個安排，就有點不滿意了，但因為她們也想不出更好的分配方法，只能暫時這樣分組。

第一組跳繩時，曉翠總是出錯，影響整個組的表現，剛開始大家都不在意，想著曉翠第一次玩跳繩，跳不好也很正常。但是，在跳了很多個回合之後，曉翠依然沒什麼進步，一直在拖第一組的後腿。表面上，大家都說「沒事的，沒事的，繼續加油」，但曉翠看得出大家的不滿。兩組成員，除了美美，其他女孩跳繩時都表現得很懶散。曉翠看到自己的表現一直沒有長進，不想再拖累組員們，於是獨自一人走開了，無論美美怎麼叫她，她也不搭理。

經過這件事後，曉翠就更不喜歡說話了。她總是一個人去福利社買東西，就算想把零食分享給別人，也不知道該分享給誰。

慢慢地，曉翠習慣了一個人，以前她還會時常在陽臺上看別的小朋友在花園裡玩，現在她就只是一個人在房間裡逗烏龜。

爸爸最疼愛曉翠，可是爸爸工作太忙了，很少有時間來陪伴孤獨的女兒。爸爸發現曉翠越來越孤僻了，於是他邀請其他同事的孩子來家裡玩，但曉翠不能融入到那些孩子當中，又獨自回到自己的房間裡去了。

同樣是一則關於「孤獨」的故事，但故事中主人公的心境卻與曉翠大不相同。

王羽上班多年來，都覺得自己是一個很孤獨的人。雖然她是一位年輕OL，但是她一點都不喜歡年輕人的各種活動，比如去KTV裡唱歌，去百貨公司裡購物，去國外旅遊。她喜歡做一些修身養性的事情，比如練毛筆字。她很喜歡書法，幾乎一有空就會練練。有時候，她的同事會對她說：「天天練書法妳累不累啊，妳又不是書法家，沒必要那麼認真……」但王羽對這些話根本不放在心上，依然每天努力地練習。

王羽常常拒絕同事們的邀請，同事們覺得王羽根本瞧不起她們這種只知道吃喝玩樂的行為，慢慢地，她們就不再邀請王羽出去玩了，而且有時還會對王羽冷嘲熱諷，說王羽已經過上了老年人的生活。

就這樣，王羽總是一個人做事情，很少有人與她來往，但她並沒有因為不受人待見就改變自己的生活習慣和興趣愛好。雖然她覺得自己挺孤獨的，但她也覺得自己的生活很充實。

孤獨，是我們主觀地認為我們與他人、與社會是一種隔離與疏遠的狀態，這不是一種客觀的狀態，而是來自於我們的主觀感受。心理學家弗羅姆曾說過，我們或許可以承受飢餓和壓迫等種種痛苦，卻很難忍受所有痛苦中最痛苦的一種，那就是孤獨。

表面上的孤獨，可能只是看起來形單影隻，沒有什麼朋友。但長此以往這種表面上的孤獨會帶來心靈上的孤獨感。故事中的曉翠，她的爸爸很少在家，媽媽在家又不怎麼理她，與她沒有交流，她又沒有兄弟姐妹，所以在這種情況下，曉翠很容易產生孤獨感，覺得全世界只剩下她自己一個人了。

當曉翠想走出這種孤獨的狀態時，她選擇和同學一起玩。但因為她在跳繩的時候屢屢受挫，無法使交往的朋友對她產生好感，所以她感受到的是朋友對她的不滿，對她的排擠，讓她更加感覺自己是個多餘的人。只是曉翠的孤獨是曉翠自己的選擇，雖然同學們可能並不喜歡和曉翠一起跳繩，但沒有誰要趕曉翠走，是曉翠自己選擇離開的。

長時間的孤獨，讓曉翠養成了孤僻的性情，這跟曉翠的家庭環境有很大的關係。曉翠缺乏良好的家庭教育和父母的關懷，導致曉翠想要交朋友，卻不知道該怎麼交朋友，怎麼與他人交流，怎麼表達對他人的關心。而這種孤僻的性情，不但會對曉翠的交友造成負面的影響，也會對曉翠造成心靈上的傷害。

第二則故事中的王羽，雖然同樣是孤獨，但她的情況和曉翠的情況是不一樣的，王羽的孤獨不會給王羽帶來嚴重的負面影響。王羽之所以孤獨，是因為她的生活習慣和興趣愛好和別人不同，她有自己熱愛的書法，別人不喜歡這個，她也不強求別人喜歡，但她堅持自己喜歡的事情，這造成了她的孤獨。她的孤獨是身心兩者都有的。她沒有找到志同道合的人，她的精神世界的確是孤獨的，但如果她融入同事們的環境，她只會更孤獨，因為那裡沒有她熱愛的東西。這樣的孤獨十分像中國作家劉同所說的「你的孤獨，雖敗猶榮」。

而我們之所以會產生孤獨感，主要有以下幾點原因。

一、情感缺失。很多時候我們都沒辦法面對失望。自己最要好的朋友突然不和自己聯絡了，交往多年的男朋友背叛了自己，這些都會讓我們感到失望。那我們為什麼無法面對呢？是因為這讓我們覺得沒人喜歡自己。如果我們身處的環境感受不到愛，我們就會處於一種缺乏安全感的狀態，長期缺乏安全感，會讓我們更加渴望別人能夠愛自己。如果別人不愛自己，那我們就會更加失望，當我們無法面對失望，就更不願意嘗試走出自己的圈子，打破孤獨的狀態了。

二、家庭的過分溺愛。缺乏愛會讓人變得孤獨，但如果我們的家人對我們過分溺愛，那我們就會對外界有更多的索取，覺得別人對自己好都是理所應當的。而當我們在他人身上無止無休地索求愛的時候，他人就會被這樣的態度給嚇跑。這樣，我們還是感覺沒人喜歡我，還是感覺孤獨。

三、不自信。總是感覺自己很差勁，這樣當我們和朋友在一起時，就會覺得自己比不上別人，進而覺得自己不屬於別人的圈子。於是，我們就會產生孤獨感。

四、無法與周圍人保持合適的距離。總是不知道怎樣和身邊的人保持一個合適的距離。不喜歡和身邊的人太靠近，也不喜歡離得太遠，但這樣的距離很難把握，所以很多人為了避免人際距離的忽遠忽近和由此產生的困擾，索性選擇一個人孤獨地生活。

但是如果我們無法忍受孤獨，因為太孤獨，心理上產生了大量的負面情緒，那我們該怎麼做呢？

一、慶幸自己有孤獨感。當我們一個人靜下來，身邊空無一人的時候，我們會感到孤獨，甚至會流下眼淚。我們或許並不想面對這樣的感受，但如果當我們一個人的時候都感受不到孤獨了，那我們是否就太麻木了呢？如果我們永遠都活在熱鬧中，我們就無法面對真實的自己，也無法傾聽內心的聲音。這樣想的話，我們就會發現，孤獨有它存在的價值，孤獨並不一定總是一件不好的事。

二、孤獨時，回望自己的生活。現代人的生活節奏很快，我們忙著學習，忙著工作，活得越來越像一臺高速運轉的機器。如果我們能暫時停下來，能有一段完完全全屬於自己的時光，那不是一件很愜意的事嗎？在孤獨的日子裡，我們可以回憶往事，可以想想自己經營的感情，自己奮鬥的事業，對自己的人生有一個更準確的定位。

三、我們生而孤獨。永遠不要渴望著擺脫孤獨，因為每個人都是獨立的個體。我們每個人的想法都是不一樣的，每個人對事物的感受也不盡相同，所以我們終歸是孤獨的。

因為我們生來就是孤獨的，所以我們無法完全體諒別人的感受，別人也無法完全體諒我們。但正是因為這樣，我們才會主動去了解別人，懂得別人，走進別人的內心世界；正是因為孤獨，我們才有交流的需求。如果沒有孤獨，我們就不需要關懷，不需要愛，我們就不會去關懷別人，去付出愛。這樣看來，孤獨也不是一件壞事。

27

偏執：固執的升級版

偏執的人趨向於對自我認知的過度妄想和自負，將別人的溝通看作是一種對自我的否定和攻擊，時常對他人抱有懷疑和警惕之心。

劉軍是一名國中國文教師，他熱愛健身。在長達數十年的時間裡，他堅決不吃飯、麵等精緻澱粉，不喝可樂、奶茶等高熱量飲品；無論是加班工作還是外出旅遊，他總會想方設法每天堅持去健身房進行訓練。不管家人和朋友怎麼用「過量運動不好」、「吃一點碳水食物也沒事」、「你又不參加健美比賽，不用這麼苛刻自己」等理由，或好言相勸或冷言冷語地來說服他，他依然我行我素，覺得大家都不理解自己，甚至時常反過來充當健康「導師」，教育他們應當像自己一樣注重身體健康。

在日常生活中，我們總會遇到像劉軍一樣，誤把偏執當堅持的人。他們的共通點在於：如果自己想要做一件事情，向別人提出反對意見，最多能夠容忍自己向對方解釋兩三次，如果對方繼續表示反對，他們就會惱羞成怒，控制不住地大發脾氣，還認為別人不理解自己，才會很難對自己做出客觀正確的評價。因此，他們在生活和工作中也難以相信他人，總覺得別人想利用或迫害自己，不喜歡別人打亂自己的計畫，更不喜歡別人給自己添麻煩。

在漢語釋義中，偏執一詞的基本含義是「過分地偏重於一邊的執著」。不同於固執之人的堅守原則，偏執的人一旦認定某種說法、某件事或者某個人，他們就會拒絕溝通，認為自己做的才是對的，別人都不理解自己，堅持到讓人感覺病態的程度，從而給身邊的人帶來痛苦，使別人對自己失去耐心並選擇放棄，而他們自己則越來越煩躁和痛苦，陷入更不容易相信他人的惡性循環。

此外，心理學家還認為：固執的人不一定偏執，但偏執的人一定常常固執己見。這是因為，固執的人主要表現為一意孤行和不懂變通，但大多數情況下還是可以溝通和交流的；而偏執的人則更趨向於對自我認知的過度妄想和自負，將別人的溝通看作是一種對自我的否定和攻擊，時常對他人抱有懷疑和警惕之心。

比如：豔豔自幼喪母，她二十歲大學畢業那年，父親突然帶著一個女人回家，告訴她說：「我準備和妳張阿姨結婚了。」婚後，儘管張阿姨個性溫和，勤勞善良，把豔豔和她的父親都照顧得十分周到，但每次回家面對張阿姨的主動示好時，豔豔都表現得特別冷淡，甚至堅持認定張阿姨做這一切都是為了獲得父親的財產。

這天，豔豔偶感風寒，正躺在床上昏昏沉沉地睡午覺。突然，她聽到有人推開房間門，走過來坐在她的床邊，想要伸手摸摸她。她慌忙伸出手臂推開了那隻手，待睜眼看到是張阿姨時，她尖聲叫喊道：「妳幹什麼？想掐死我啊！」隨後，不管張阿姨如何解釋自己是想看看她有沒有發燒，方便去藥局幫她買藥，豔豔都一心認定張阿姨關心她只是為了討好父親，堅決不肯接受她一分一毫的好意。

對於偏執的人而言，他們受到先天遺傳因素的影響微乎其微，更多的是與其後天的家庭環境、成長歷程有著密不可分的連繫。心理學家分析認為，一般在青少年時期遇到父母經常吵架，時常受到父母忽視、冷漠乃至打擊，以及與朋友相處過程中遭遇欺騙、利用等情況，都容易使當事人逐漸變成個性自閉、內向，思想和行為偏執的人。

因此，要想改變這種現狀，成功克服偏執這個心理弱點，就需要人們從以下幾個方面著手：

一、不要急於求成。偏執心理不是一朝一夕形成的，改變的過程自然也非常漫長，甚至常常一不留神，就會重新回到起點。但這些都不重要。最重要的是，只要我們真正明白偏執給自己以及身邊的人所帶來的苦惱，並下定決心用一段足夠長的時間（也許是三個月，也許一年，也許十年）去付諸行動，改變自然就會發生。

二、及時提醒自己。這個提醒可以是自我提醒，也可以是拜託自己較為信任的人進行提醒，如果能兩者結合，則是最好不過了。這是因為當事人在改變的過程中，在不知不覺出現偏執觀念和行為時，需要及時得到心理上的提醒，以防止前功盡棄；同時，在得到提醒過後，當事人還應當重新分析自己當時的想法，找出當時的非理性觀念，然後有針對性地加以改進。

比如：上文案例中的豔豔透過翻閱心理學相關書籍，意識到自己對於張阿姨的認知較為偏執後，她特意邀請父親在家中監督和提醒自己。

這天，當父親對豔豔誇讚張阿姨勤儉節約時，豔豔幾乎是下意識地回嘴道：「她這都是裝出來給你看的，還不是以退為進，為了得到你更多的信任、更多的錢。」聽完此話，父親臉色一沉：「如果換作是妳，妳能裝這麼久，還偽裝得這麼滴水不漏嗎？」

豔豔頓時發現，自己剛才又下意識地回到了原先那種偏激的思維慣性中，趕緊向父親道歉。隨後她針對自己為什麼會一直偏執地認定張阿姨是貪圖自己家的錢這件事，和父親進行了深入的分析和探討。

三、多聽、多看、多溝通，培養樂觀開放的心態。偏執者大多心思細膩，個性敏感，更願意相信自己的思維和判斷，很少相信他人，更是很少和他人進行溝通。但實際上，只有在不斷地聽、看和溝通的過程中，我們才能更好地理解他人的想法以及讓他人更好地理解自己，也才有可能看到，其實這個世界無時無刻不在發生著變化，對於每個人、每件事，因為理解角度的不同，得到的可能就是截然不同的結果。

總而言之，偏執的人需要堅持不懈地進行自我克制和疏導，逢人遇事，不武斷，不絕對化，不以偏概全，冷靜思考和判斷，力求謙虛和客觀，在勇敢、真實的表達和交流中，克服表面強硬的偏執，才可能成為一個堅持自我、但不偏執的人。

28

恐懼：危險是想像出來的

恐懼，其實就是害怕，極度擔心受到傷害。從心理學角度講，恐懼是指人們在面對自己害怕的人或事物的時候，在想要擺脫又無能為力的情況下所產生的一種擔驚受怕的強烈壓抑的情緒體驗。

小悠白天的時候和朋友在電影院裡看了一場恐怖電影。看的時候，小悠還和朋友有說有笑，一起吐槽這個電影哪些地方拍得很假，不夠恐怖。

可是，到了晚上，小悠一個人回到寢室，不自覺地就會想起電影裡面的女鬼，心裡十分恐懼。無論是在洗澡的時候，還是坐著做些什麼的時候，她總覺得那個女鬼就在她身後。她越來越害怕那個女鬼會來傷害她，想著想著就會背部發麻，雙手發抖。這時，她放了一些歡快的音樂，來讓自己的心情放鬆，不那麼害怕。可是，一旦到了睡覺的時間，她又得一個人靜下來了，她又變得非常恐懼，總覺得女鬼在拖她的腳，和她一起睡覺，在她的床下，陰冷地看著她，好長一段時間裡，她都因為這些幻想而嚇得睡不著，全身的肌肉都緊繃著，額頭也不停地出汗，不敢亂動，呼吸變得非常急促。這個時候，就連開燈對她來說也是件很困難的事。之後好幾個晚上，她都覺得那個女鬼還在跟著她。就是因為這樣，她每晚都得開著燈才能睡著，而且有時即便開著燈，她也會失眠好久，才能真正進入睡眠狀態。也就是因為這種恐懼，總是讓小悠無法正常地生活。

還有一個故事是這樣的。在美國德克薩斯州丹尼森市的一個小鄉村裡，有一個男孩，他特別怕一種家養的動物。不過，這種動物既不是狗也不是貓，也不是驢馬騾子，而是鵝。不知為什麼，他一見到鵝就渾身不自覺地發抖，看著牠們長長的脖子，他感覺自己要是再離牠們近一點，牠們就會伸著脖子用嘴來使勁地啄他。

從這兩個故事中，我們能看出小悠和小男孩都在害怕想像的危險。小悠身邊根本就沒有女鬼，但她就是覺得有，而且她的恐懼加劇了她的這種幻想，使她有了很多不良的生理反應，整個人處於緊張狀態。小男孩也是，我們也知道鵝如果處在一種正常狀況下的話，是不可能咬人的，但小男孩還是一看到鵝就渾身發抖，想像著鵝會用嘴啄他。所以，真正讓小悠和小男孩恐懼的東西，並不是女鬼和鵝，而是他們對女鬼和鵝的幻想。他們總覺得自己害怕的東西會傷害到自己，儘管他們沒有一次真正被其傷害的經歷，但他們還是覺得會出問題，這就是他們強烈的恐懼心理造成的。

恐懼，其實就是害怕，極度擔心受到傷害。從心理學角度講，恐懼是指人們在面對自己害怕的人或事物的時候，在想要擺脫又無能為力的情況下所產生的一種擔驚受怕的強烈壓抑的情緒體驗。

數學家凱利（John L. Kelley）說：「恐懼類似威脅，但在程度上較輕。當一個人的建構系統的邊緣要素而不是核心要素被證明無效時，恐懼就會產生。」小悠其實也知道不會有鬼的，她每天晚上睡覺的時候，並沒有發生過什麼靈異事件，但她還是害怕，這是為什麼呢？建構系統的邊緣要素參與調節本能和情感行為，也就是說，小悠的意識裡覺得沒有鬼，但在夜晚的環境裡，一個人獨處的時候，小悠的生理和心理受靜謐黑暗環境的影響，認為這個世上沒有鬼的想法就會被削弱。但如果小悠堅定地認為這世上沒有鬼，除非親眼見了才肯信，那小悠就不會產生恐懼了。

還有一種恐懼，是與過去的心理感受和體驗有關的。比如以前被狗咬過，日後看到狗都會害怕。還有一些人是性格原因，害羞、膽小、不善交際的人也容易產生恐懼心理。

恐懼心理一旦產生，是會嚴重影響人的身心健康的。恐懼導致心跳加速、心律不齊、呼吸短促、身體不斷冒冷汗……這些都會嚴重影響人的正常生活；恐懼還會讓人的內心處於一種緊張狀態，總是感覺會發生危險，搞得人心力交瘁；陷入恐懼還會使人喪失基本的判斷力，使人的行為失常。

那面對恐懼，我們該怎麼辦呢？可以這樣做：

一、提高對事物的認知能力，擴大自己的視野，找到恐懼源。因為恐懼常常是因為人類自身對未知事物的不了解、不確定造成的。只有提高了認知能力，才能掌握客觀世界的規律，了解人自身的需要和客觀規律之間的關係。

一個人對一件東西或一個人產生極強的恐懼感，多半是因為他沒看明白這種事物真實的樣子，而且容易陷入自己對未知事物的恐懼幻想中。如果旁人只是說不要害怕，對恐懼的人來說是沒用的，只有將他害怕的那種東西的真面目展現出來，他才會明白自己根本不需要那麼害怕。

比如：一個叫小希的小女孩，晚上睡覺的時候看到自己房間的窗簾上有一道像凶猛的大老虎一樣的黑影，小希感覺很可怕。小希自己也不完全確定那是老虎，但是她也不敢走近去確認一下。後來她實在太害怕了，就去叫媽媽和她一起睡，小希告訴媽媽，她很害怕那隻「老虎」。媽媽笑著走到窗簾那裡，小希整張臉都緊繃了起來，表情看起來非常恐懼，還說「媽媽不要去」。媽媽一把拉開窗簾，小希蒙上眼睛尖叫出來，等她睜開眼睛卻發現，原來那隻「老虎」只是外面的樹落在窗簾上的影子，只是正好有點像老虎而已。小希自從知道了那不是真的老虎以後，晚上睡覺就沒有那麼擔驚受怕了。

二、運用系統脫敏療法克服恐懼心理。

第一步，把令自己恐懼的所有畫面想一遍，把這些畫面用語言表達出來，寫在卡片上，一定要寫得非常具體。寫好後，按照自己恐懼的程度，從低到高排列這些卡片。最不令自己恐懼的放在最前面，最令自己恐懼的放在最後面。

第二步，開始放鬆訓練。找個舒服的位置坐下來，有規律地深呼吸，讓全身都放鬆下來。進入放鬆狀態後，抽出上面排好的卡片當中的第一張，想像卡片上自己寫下的場景，要全身心投入到自己想像的那個環境中，感覺像是正在經歷自己所描述的那個令人恐懼的場景。

第三步，當我們感到恐懼、不安時，停下來不再想像，再次做深呼吸，讓自己放鬆下來。完全放鬆後，重新想像剛才的情境，若又開始恐懼、不安，就停下來重新開始放鬆。就這樣反覆訓練，直到卡片上描述的情境不再讓自己害怕為止。

第四步，繼續按同樣的辦法，去想像下一張卡片上的場景。注意，一定要等到上一張卡片上的內容不再讓自己感到恐懼之後，才可以繼續想像下一張卡片上的場景。否則，不可以進行下一個階段。

第五步，如果想像最令自己恐懼的場景都不會讓我們感到害怕、緊張時，便可以按照由輕到重的順序重新訓練一遍。當我們再出現恐懼情緒時，就讓自己做深呼吸來緩解恐懼，直到自己不再恐懼、緊張為止。

整體而言，恐懼也是有利有弊的。如果一個人什麼都不怕，任何時候都不恐懼，那真正面臨危險的時候，這種人也不會覺得有危險，這樣他就無法處於一種高度警醒水準的戒備狀態裡，就不會做出相應的戰鬥或逃跑反應以應付可能發生的危險。

恐懼是每個人都會有的正常心理，但對一些人、一些事物的非正常恐懼，會嚴重影響我們的生活。所以，我們要看清恐懼的本質，把它放在一個合適的位置上，調節自己的身心反應。恐懼，是我們每個人與生俱來的本能反應，接受它，改變它，克服它，才會使生活變得更美好。

29

冷漠：對人沒感覺

冷漠的人不會關心人、沒有責任感、沒有同情心，常常顯現出來的態度就是對事物的無動於衷。而且，他們對外界持不信任和不滿意的態度，甚至拒絕被感動。

瑄瑄在一家小公司上班，上班之後，工作方面還算順利，可是人際關係方面很差。瑄瑄的身邊幾乎沒有一個走得很近的朋友，平時都是一個人吃飯、一個人逛街。

瑄瑄跟上司關係不好，平時只是按時完成任務，與上司沒有其他交流。上司也很不喜歡瑄瑄，因為瑄瑄的臉上幾乎沒有笑容。瑄瑄除了做好工作之外，幾乎不關心任何人，所有的同事都不怎麼和瑄瑄來往，覺得她實在太冷漠了。

瑄瑄有一個姐姐，是一個古道熱腸的人，見妹妹家裡有什麼麻煩，就會馬上來幫助她，而且不求任何回報。有一次，姐姐打電話給瑄瑄，瑄瑄關機了，姐姐打到公司裡去，公司的人說瑄瑄感冒發燒，現在請假在家裡休息。姐姐一聽到這個情況，馬上趕往妹妹的家裡。姐姐還有一個幾個月大的孩子，留在家裡不放心，於是她背上孩子，立刻趕去妹妹家了。誰知外面正在下大雨，姐姐頂著暴雨出門，眼看叫不到車，只好騎上自己的腳踏車，騎行了一個小時，終於艱難地到了妹妹的家裡。

瑄瑄一開門，姐姐發現有個男的在裡面。姐姐問瑄瑄是否生病了，是否需要看醫生，瑄瑄只回了一句「沒有」。姐姐的鞋子和褲管都淋溼了，還背著一個嬰兒，她也沒叫姐姐進門坐。姐姐見妹妹沒事，又不想讓她進門的樣子，就又冒著大雨趕回去了。

後來，瑄瑄的母親去世了，保險費暫時沒有拿到。那時的瑄瑄已經結婚了，經濟條件也不差。姐姐說大家先把錢出了，把喪事辦了。姐姐出了大頭，而瑄瑄只是簡單招待親戚吃了兩頓飯。保險費下來以後，她來找姐姐報帳，說她招待親戚吃飯花了兩萬多塊，姐姐不僅二話不說把錢拿給了瑄瑄，還說她自己的花銷不用報帳，畢竟是自己的母親啊，可以把剩餘的錢拿給父親。事實上，兩頓飯的錢怎麼可能有兩萬元呢？

再後來，很不幸的是，瑄瑄的爸爸得了癌症。瑄瑄爸爸的手機壞了，姐姐想買個新手機給爸爸，瑄瑄說她來買，結果過了兩個星期，瑄瑄依然沒有買手機給爸爸。姐姐因為這件事指責了瑄瑄，對瑄瑄說：「瑄瑄，妳不是不知道爸爸是癌症病人，他一旦有什麼不舒服，沒有手機，他該怎麼辦？妳想過沒有？」瑄瑄卻愛搭不理地回道：「知道了，知道了，我明天就去買！」

第二天，瑄瑄給了爸爸一部手機，姐姐一看，卻發現那是她以前送給瑄瑄的舊手機，根本不是新買的，但姐姐也沒有戳穿瑄瑄。

瑄瑄從不關心家裡人的身體狀況，就算發生什麼危險的事，她也不會第一時間出來提供幫助，似乎別人都跟她沒關係似的。

後來，瑄瑄的父親去世了，留下一處房產給她們姐妹倆。瑄瑄二話不說就搬進去住了，也不問姐姐的意見。

上述故事中的瑄瑄，就是一個完全不知人情冷暖的人。這種人對別人的態度非常冷漠，冷漠的表現包括：對親友冷淡，對周圍事物失去興趣，面部表情呆板，內心體驗貧乏，或是內心感受很豐富但流露於外部的卻非常少。這種人不會關心人、沒有責任感、沒有同情心，常常顯現出來的態度就是對事物的無動於衷。而且，他們對外界持不信任和不滿意的態度，甚至拒絕被感動。

我們可能覺得，怎麼會有瑄瑄這樣無情無義的人存在呢？難道她天生就是個冷血動物嗎？實際上，導致一個人變得冷漠的原因有很多，主要有以下幾個方面的原因：

一、早期心理發展的問題。我們剛出生時是無法獨立生活的，我們必須依賴父母，需要父母的照顧。在這個過程中，親子關係占重要地位，兒童就是在與父母的關係中形成自己早期的情緒特徵。父母在教育孩子的過程中，不免會有一些批評、指責，但只要孩子能夠感受到父母是愛他的，不是厭惡他的，就不會產生心理上的問題。如果父母終日都在責備子女，不給其絲毫的喘息機會，甚至還打罵孩子，孩子就會覺得自己沒有任何價值，也得不到任何人的愛。長期如此，孩子認為自己受到了不公正待遇，心理不平衡，無法建立一種正常的是非觀念，就會產生心理上的焦慮和敵對情緒。有些孩子因此逃避與父母身體和情感的接觸，這樣就會出現冷漠狀態。

二、外界打擊。當一個人事業、家庭、愛情都不太順心的時候，往往會失去對生活的希望和信心。當我們得不到心愛的東西、諸事不順時，心靈就會受到創傷，甚至會覺得人生已經毫無意義。現在很多年輕人對生活的要求和希冀都很高，結果希望越大，失望越大。因此，觀念的狹隘和過高的成就動機往往是冷漠形成的初因。當我們受到生活的打擊時，很容易對別人的意見置之不理，不論表揚還是批評，我們都不想理會，慢慢地，就會變得越來越冷漠。

三、以自我為中心。冷漠心理與自私心理有很大的關係。自私心理嚴重的人，總是以自我為中心，不在乎他人感受，很難融入社會生活。這樣的人只考慮個人利益，目中無人，自然不會有人喜歡與這樣的人往來，而當別人因此對他表現出冷漠的時候，他也就選擇對別人冷漠。

四、自我保護。為什麼在別人需要幫助的時候，有些人卻選擇坐視不理？其實這也是一種自我保護的心理在起作用。雖說幫助別人能夠給自己帶來快樂，但如果預計自己的付出將會給自己帶來更多的損失或麻煩的時候，我們想要幫助別人的心情就會變得猶豫，甚至變為漠不關心。我們會想，要是我遇到了麻煩，會不會有人幫我？當我們給自己的答案是否定的，我們會一直陷在「冷漠循環」裡。大家為了自我保護，抱著「多一事不如少一事」的心態，一直在行善與不行善之間徘徊、掙扎。

五、旁觀者效應。當我們看見一個老人癱倒在地，是否會伸出援手？心理學實驗發現，這個問題的答案取決於事件發生時在場的人數。在場的旁觀者越多，個體介入緊急情況、採取救援行動的機率就越低；反之，在場的旁觀者越少，個體願意提供幫助的機率就越高。社會心理學家稱這種現象為「旁觀者效應」。因為，當我們身邊有其他人在場的時候，別人也可以提供幫助，如果我們主動伸出援手的話，可能會引起別人的議論、評價、嘲諷。就是基於這種心理，我們由盲目從眾發展成群體性冷漠。

六、「本我」、「自我」、「超我」的力量對抗。著名心理學家佛洛伊德提出「本我」、「自我」、「超我」的概念。我們在做一件事的時候，就要處理好這三個「我」

之間的關係。當我們看到一個人發生危險時，有些人的「本我」強於「超我」，對他們來說，別人的安危與他根本沒有關係，他們自身的安危最重要，所以他們會選擇立即離開；而有些人會觀察一段時間後再離開，他們在救與不救之間矛盾糾結，「超我」命令他們要救死扶傷，這是基本良心和道德準則，「本我」告訴他們，「多一事不如少一事」，但最終還是他們的「自我」替他們權衡利弊，「自我」會讓他們選擇那個更利於維護自身利益的方案，這就造成了他的冷漠。

就如同我們看到，瑄瑄的冷漠會給身邊的人帶來很多傷害，同時這也是在孤立她自己。心理學實驗證明，「冷漠將會是隔斷與他人交往的最有力的工具」。但是心理學上還有一種說法：對越在意的人表現得越冷漠，對反感的人卻表現得很熱情。我們面對自己喜歡的人時，會忍不住想要為其付出，但又害怕自己被拒絕、受傷害，所以我們會壓抑自己的好感，表現出厭惡、疏遠的姿態；當我們討厭一個人的時候，會有意無意地流露出來，這時我們的「超我」，也就是道德、良心會譴責我們，所以作為一種心理補償，我們反而會表現得更加熱情。

所以，當我們的冷漠傷害到別人，也傷害到自己的時候，我們該怎麼克服這種消極心理呢？

一、嘗試去交流。我們對外界冷漠，不願意與他人過多交流，甚至平時多一句日常的交流都覺得煩，這是因為我們沒有感受到交流的樂趣，如果我們嘗試著跟別人交流，在彼此溝通、分享中獲得全新的、愉快的體驗，我們對人際溝通的感覺就會逐漸開始變化，對身邊人的態度也會發生變化。

如果我們不願意和親近的人交流，可以嘗試著和完全不認識的陌生人說說心裡話；如果我們傾向於和親近的人交流，那就從最親近的人開始。在交流時間和交流次數上，可以逐漸遞增，這樣我們就不會感到跟人說話很吃力。

二、多行善舉。冷漠的人不一定內心就真的不願意幫助別人，而是出於自我保護的心理，放棄了幫助別人。由於長時間的心理防禦機制在起作用，所以冷漠的人很難跨出打破冷漠的第一步，這就要求冷漠的人透過多做善事來啟動自己的熱情和善心。

這裡所說的善事不一定非得是什麼大的善舉。比如：我們可以養一隻小狗，在飼養牠的過程中，我們要餵牠吃東西，給牠洗澡，這些行為都是一種付出。在這個過程中，我們會慢慢感受到，付出不一定就是損失利益，而是一個獲得快樂的過程。當我們因為為別人付出而感到快樂時，就不會冷漠地拒絕和別人交往、為別人奉獻了。

三、接受別人的幫助。冷漠的人不但不願意幫助別人，也不願意接受別人的幫助，這樣就很難信任別人，也很難和他人建立心靈上的連繫。大多數冷漠的人之所以這樣做，就是不想欠別人的人情，所以剛開始接受別人的幫助時，我們可以盡快地報答對方。比如：別人替我們做好了剩餘的工作，我們可以買點小禮物送給他，這樣禮尚往來，我們就不會有心理負擔，而且這樣做更容易讓人際交往順利進行下去。但如果建立了朋友關係之後，就不要一板一眼地這樣做了，這樣反而會加重彼此的心理負擔。只要我們開始主動與人交往，就可以慢慢打破冷漠的心理狀態。

四、讀溫暖的小故事。如果我們已經習慣了一個人的日子，也習慣了冷漠的狀態，不妨在平日裡讀一些溫暖人心的小故事，尤其是小孩子喜歡讀的《伊索寓言》、《格林童話》、《安徒生童話》等。裡面的故事大都是充滿正義感和愛心的故事，而且故事非常簡短，不需要花費太多的時間。我們在讀這些故事時，就可以感受到愛是多麼美妙的一件事，被愛是一件多麼幸福的事，付出愛是一件多麼幸運的事。當我們的心靈慢慢被感化，我們就願意走出自己的冰雪世界，去感動別人，也被別人感動。

五、透過興趣愛好結交朋友。如果我們身邊一個朋友也沒有，我們也不想跟誰交流，那不妨從我們的愛好開始尋求改變。比如我們喜歡練書法，那就可以加入書法興趣團體，透過自己的興趣愛好，擴大交友圈，結識志同道合的人。冷漠像一堵厚厚的牆，將所有的溫暖和愛都擋在牆外，在這堵牆後待久了，人們會不喜歡有陽光的日子。可是哪一個人不需要陽光呢？別再讓冷漠傷害自己，傷害別人了。來吧，愛你的人都在等著你回到這個有陽光的世界。

30

吝嗇：一毛不拔的「鐵公雞」

從心理學的角度來講，吝嗇是一種有能力資助或幫助他人卻不肯付出的不正常心態。

關於吝嗇心理，曾有心理學家表明，吝嗇之人有很強的囤積心理特質。

有囤積心理特質的人，防禦心理特別強。這類人始終在守護自己的東西，他們為自己修築牢固的圍牆，不願意向外擴展，也不願意了解他人和給予別人關愛。

從前，有一個叫阿康的人，他為人很吝嗇，從來不願意為別人付出一點點關心或金錢。連別人叫他講「布施」這兩個字，他都講不出口，只會「布、布、布……」個半天，好像一講出這兩個字，自己就會損失什麼東西一樣。

鎮上的智者知曉這件事之後，就想去教化他。智者告訴他布施的功德：一個人這輩子之所以擁有很多財富，獲得很多人的尊敬，比別人長得好看、俊美，所有這一切美好的事物都跟他上輩子的布施有關。阿康聽了智者的教誨之後很感動，可是他仍然布施不出去，他為此深感煩惱，便跑去找智者，對他說：「智者啊，我真的很想很想布施於人，但是我就是做不到啊。」

智者彎下腰在地上抓了一把草，把草放在他的右手，然後要他張開他的左手，智者說：「你把右手想成是自己，把左手想成是別人，然後把這把草交給『別人』。」

阿康一想到要把這把草交給別人，一下子就呆住了，滿頭大汗，但還是捨不得給出去。最後的最後，他突然開悟：「原來左手也是我自己的手啊。」就趕緊把草給出去，自己也為此深感欣慰。第二次做這件事的時候，他只花了一分鐘，就把草給出去了。

後來，他很簡單地就能把草給出去。智者又說：「現在反過來，你把草放在左手，把右手張開，將草交給『別人』。」第一次阿康也是想了半天才給出去，第二次他很容易就交出去了。最後，智者對他說：「你現在去把這把草給別人吧。」阿康便把這把草給了別人。

沒有想到，後來經過不斷的練習，這個吝嗇的阿康變成了一個慷慨之人，不僅願意將財物布施於人，而且還經常關心和幫助有困難的人。

從心理學的角度來講，吝嗇是一種有能力資助或幫助他人卻不肯付出的不正常心態。它和吝惜是不一樣的，吝惜是對財物非常珍惜，絕不浪費的一種行為。

上述故事中的阿康是一個非常吝嗇的人，這種人有三大特徵：

一、自私。從前面的故事中我們可以看出：阿康不願意為別人付出一點點東西，他不希望看到自己的利益受到損失，害怕自己吃一點點虧。

二、冷漠。阿康是吝嗇小氣之人，所以當他看到別人需要幫助的時候，他不會施以援手，只會漠視不管，更甚者，還會去奚落、嘲笑那些弱者，沒有同情心和同理心。

三、封閉。吝嗇之人不願意多花錢，所以他們極少參加集體活動，例如和朋友聚餐等。他們也不關心周圍的事物，只想著自己的利益。所以他們幾乎沒有知心朋友，遇到困難也很難得到別人的幫助。

故事中的阿康，就算想要布施於人，做起來依舊非常困難。造成吝嗇心理的原因紛繁複雜，主要有以下幾點：

一、社會資源占有與分配不均衡。社會競爭激烈，社會財富的占有極具不確定性。這容易使人產生焦慮心理，因為我們的財富的流動性大，升值貶值迅速。我們今天可能是個富翁，明天可能就兩手空空，這種不確定性容易使我們患得患失，心生吝嗇。

二、詐騙集團橫行。現在社會上，詐騙集團橫行，詐騙手段各式各樣，人們一不小心就會掉進陷阱裡。這樣的社會狀況使得我們大多數人提高了戒備心，即使有能力幫助別人，也會退避三舍。

三、社會價值觀。社會風氣對人們的心理有很大的影響。如果社會風氣好，「人人為我，我為人人」，這樣的風氣會促使我們更願意去付出、去奉獻。如果社會風氣充斥著負能量，社會不公平現象很多，人人斤斤計較，爾虞我詐，那吝嗇的心理就更容易出現。

四、生活環境。以前大家住在一個社區裡，互幫互助，團結友愛。而現代人住在高樓大廈，大家各自待在自己的小房間裡，這樣的環境更容易使我們產生一種隔絕、冷漠、吝嗇的心理。

五、家庭教育。父母非常吝嗇，對孩子也很吝嗇，就容易令孩子成為一個吝嗇之人。例如有一家人，父母煮好飯了，吃飯的時候，夫妻二人先把葷菜夾個精光，等兒子上桌吃飯的時候，只剩一些菜葉子和泡菜了。父母這樣的吝嗇行為會讓孩子對他們同樣是這種態度，對外界也是這種態度。

關於吝嗇心理，曾有心理學家表明，吝嗇之人有很強的囤積心理特質。這種心理特質有幾個特點：第一，控制。不論是對於事物，還是情感、思維，他們的嚴格要求都達到了僵化的程度。第二，頑固。第三，節省。第四，防禦性。第五，拒絕密切的關係。第六，公平。這種公平非常機械，它追求的就是「你的是你的，我的就是我的」。

有囤積心理特質的人，防禦心理特別強。這類人始終在守護自己的東西，他們為自己修築牢固的圍牆，不願意向外擴展，也不願意了解他人和給予別人關愛。這種人不是內向的，而是向內的。對這種人而言，保護自己，保護自己已占有的資源不會流失，恐怕是他們最關心的事。他們會把物質的得失擺在人的感受之上，對他人的感受毫不重視。

具有這種囤積心理特質的人是可憐的。他們始終處於防守的緊張狀態，無法接受新鮮事物，因為那些東西代表著未知、不可控制和潛在危險，這會讓有囤積心理的人感到他們的防守隨時會被擊潰。他們不喜歡這樣的狀態，所以寧願一成不變，畫地為牢，也不願意敞開心扉接受別人。

其實對吝嗇之人來說，大方和寬容之所以會那麼困難，是因為無論是讓他們從既定的安全地帶走出來，還是在他們的圍牆之內占取一點利益，都會打破他們之前良好的心理穩定性。這對他們來說，簡直就是要他們的命。

吝嗇心理對於別人或對於自身，都是有害無益的。那我們該如何克服吝嗇心理呢？

一、自我醒悟法。幾乎所有的心理問題都跟人的認知能力有關。吝嗇之人很在意自己的利益得失問題，他們越小氣，其實失去的越多。你不願意為別人付出，不願意在交際上花錢，自然，你也就失去了朋友的關懷，失去了人際交往的樂趣，這樣看似是守住了自己的利益，但我們人生的樂趣卻沒有了。所以要改掉吝嗇的習慣，只有從內心深處去認清吝嗇的危害，客觀、理智、公正地看待一切得失，才能真正糾正自己這種不正常的心理狀態。

二、勤讀書、讀好書。在閱讀經典作品、哲學典籍、佛學典籍的時候，我們會看到文章中描寫的那些善良的人、寬容的人，我們會明白寬容和善良是一件很難的事情，但做到了就是一件令人幸福的事。

變得大方是需要學習的，這既讓我們感到困難，又會讓我們看到希望。沒有誰天生就是吝嗇鬼，既然不是天生的，我們就可以透過後天的訓練，慢慢地改變這種消極心理。

三、少量施捨法。上述故事中的阿康，剛開始也無法做到布施，於是，智者讓他先做一些微不足道的小事，比如把左手的草放到右手上，一開始或許很吃力，但這畢竟是一件不足掛齒的小事，只要稍稍加以訓練，就容易辦到。

吝嗇的心理不可能一朝一夕就改變，所以需要一點一滴地去努力嘗試。剛開始，我們可以嘗試先捐贈一些舊衣物，然後寄點書籍給山區的貧困兒童，慢慢地，我們就會開始變得慷慨、大度。

四、對錢財有正確的認知。首先，我們要意識到：一味地積攢錢財，而不去努力賺錢，是不可能獲得大量財富的。因為我們的積蓄來自我們的收穫，如果你不想著多賺點錢，只想著存錢，你賺的錢始終只有那麼多，那你存的錢只會更少。所以，當我們不願意為人際交往付出時，不願意在自己的學習工作上多花點錢時，其實就是在斷自己的財路。

其次，對財富的認識千萬不要陷入狹隘的誤區。眼裡只有金錢的人，往往犯的是狹隘病。他們從不好好想想，自己為了守住錢財，花了多少心血，內心的焦慮不安、身體的疲憊，這些都是付出的代價。他們沒有意識到，自己有一個好身體，就是擁有一大筆財富；擁有一個健康積極的心理狀態，也是一筆財富。所以，吝嗇的人如果能夠從廣義角度去看待財富，那就能走出吝嗇的誤區。

在這個紛繁複雜的世界當中，沒有絕對的得與失、好與壞，只有當你的態度是從容大度的，你才不會受到太多的傷害，才不會計較那麼多，讓自己那麼累。

31

挑剔：雞蛋裡面挑骨頭

曾有心理學家說過：「總挑剔別人的毛病是自卑的表現。」愛挑剔、指責別人的人，都是不願意接納自己的人，因為他們追求完美，無法原諒自己做錯事，也無法接受別人做錯事。

曉晴和阿磊是一對情侶。還有三個月，他們就要結婚了，於是他們打算同居一段日子，提前試一試夫妻般的生活。

曉晴搬來阿磊租的房子裡，兩個人住進同一個房間。有一天早上，曉晴六點就起來為阿磊做早飯。曉晴做完早飯後，見阿磊還沒起床，就去叫阿磊起床。在吃早飯的時候，曉晴對阿磊說：「磊，你以後要早點起床。你知道嗎？早上六點是生理時鐘開啟的時候，如果這時候你不起床，你這一天的生理能量就會被封鎖，這樣對身體不好。」阿磊打著哈欠說：「對對對，妳說得對，以後我會早點起床的。」

晚上吃完晚飯後，曉晴和阿磊一起看電視，阿磊喜歡把腳蹺在茶几上，這個時候，曉晴就會非常看不慣地用手將阿磊的腳打下去。有一次，阿磊看球賽看得正起勁，整個人都投入進去了，沒注意到自己的腳蹺在了茶几上，曉晴又不管三七二十一地拍打阿磊的腳，阿磊這次直接發火了。他對曉晴說：「我已經為妳改掉很多了，為什麼我的一丁點缺點妳都容忍不了。今晚，我們還是分開睡吧，都冷靜一下。」曉晴第一次看到阿磊對她那麼凶，整個人都嚇傻了，直接呆住了。

阿磊本來以為，這件事後曉晴會有所改變，不再對自己的行為挑三揀四。但曉晴卻選擇了冷暴力，根本不跟阿磊說話，也不再為阿磊準備早飯。

阿磊為了逗曉晴開心，還是選擇去哄她，容忍她。但是曉晴的性子一點都沒變，現在更是變本加厲，連阿磊的牙刷朝哪個方向擺她都要嚴格要求，阿磊的領帶有一點點不整齊，也會受到曉晴的指責。

阿磊實在受不了了，感覺自己活得像個犯人，每天被人管教著。於是，他向曉晴提出了分手。

從上文中我們可以看出，曉晴對他的男朋友阿磊十分挑剔。她希望阿磊能夠做到她想要的那樣，而且要做到最好，不能差一絲一毫，她才能滿意。批評指責並不都是不好的，有些人當著我們的面指出我們的缺點，是因為他們希望我們能改正缺點，做得更好。但有些人的指責就像機關槍似的，時時刻刻都準備著瞄準我們身上的任何一個小毛病。就像曉晴，她總是對阿磊的一些生活習慣很不滿意，甚至已經到了一種強迫症的狀態。

曾有心理學家說過：「總挑剔別人的毛病是自卑的表現。」我們能夠從一個人對待別人的過失的態度上，看出這個人的性格。寬容大度的人對待別人的過失和錯誤，往往是選擇原諒和寬容。心理學家還發現，愛挑刺的人是「卑慢」的，也就是指他們表面傲慢，內心自卑。他們喜歡透過批評、指責別人來貶低別人，抬高自己，從而獲得一種成就感、優越感、滿足感。

愛挑刺的人看似是無法接受別人的毛病，其實是無法接受自己有同樣的毛病。日本著名心理大師河合隼雄曾提出過一個觀點：覺得焦躁，是因為害怕自己被看透。曉晴一看到阿磊做出讓她不滿意的事，她就非常煩躁，馬上想要制止，是因為她身上可能也或多或少地存在著這樣的毛病，她一看到對方有這樣的毛病，就想起自己也有這樣的問題，她內心非常恐懼被對方看到自己也是這個樣子的，所以急切地斥責男友改變，也是給自己警示。就這樣，為了防止自己身上這些毛病和缺點被對方看透，我們就變得煩躁，並將其作為攻擊對方的武器。

其實，這是心理現象中常見的「投射」。我們問某某，你是不是不想上學了，是不是覺得工作很枯燥，可能是因為我們自己就有這樣的想法。所以，當我們指責別人的時候，很有可能是因為我們自己也有同樣的缺點。

怎麼判斷我們是否將自己的毛病「投射」到了別人的身上呢？如果我們在指出別

人缺點的時候，心中不會有股「無名火」，不會過分焦躁，只是像個老師一樣，指導別人做好，那這個毛病多半是別人的；如果我們一看到別人犯了某個小毛病，就生氣、焦躁，甚至想要和對方爭吵，那這個毛病多半也是我們自身的。

總之，愛挑剔、指責別人的人，都是不願意接納自己的人，因為他們追求完美，無法原諒自己做錯事，也無法接受別人做錯事。

再者，雞蛋裡面挑骨頭，也很有可能是出於單純的嫉妒心理。他們的生活中有太多比自己優秀的人，一看到別人比自己好，他們就心理不平衡，就想要挑出別人的毛病，就會對他們自己心中的這些「假想敵」實施攻擊。

挑剔在人際關係中更多的是一種破壞性的力量，它在心理上已經預設了不平等的關係，因此很容易激起對方憤怒和反抗的情緒。那我們該如何克服這種負面心理呢？

一、詢問自己。當我們看到某人的缺點，想要指責他的時候，先不要開口，換個地方，冷靜地想一想。三問自己：一問，「我是想要發洩還是希望對方改正？」二問，「我是不是也有這樣的毛病？」三問，「我的指責真的能帶來好的效果嗎？會不會令對方不悅，甚至根本不聽？」

二、提升自己。挑剔心理的背後是自卑心理在作祟，如何才能讓自己變得自信？我們可以多讀一些經典名著或者哲學方面的書籍，多做運動，多出去走走，看看外面的世界，開闊眼界。透過這些活動，我們可以讓自己的人格獲得提升，精神變得飽滿起來，從而開闊我們的胸懷，提升我們的素養。只有我們自身變得寬容大度，充滿自信，才不會對別人的過失過分計較。

三、將問題寫在紙上。如果我們總是忍不住要挑別人的毛病，那我們可以把這些毛病記錄下來。每一條都要寫清楚，寫完後，自己再認認真真地讀一遍，讀完後，如果我們還想要指責對方，那就將這張紙條交給對方。因為寫的方式不像說的方式那麼激烈、那麼衝動，它會給我們留下充分的思考時間，所以這個方法可以有效地避免我們與對方發生正面衝突。而且，訊息的保留也有持久性和延續性，能夠幫助我們進行自我反思。

四、學會誇獎別人。當別人做得對、做得好時，一定不要吝嗇我們的誇獎。我們對別人的欣賞，是一種美好的情感。如果我們常常表揚別人，別人也會因此而振奮、愉悅。當人們生活在一種快樂的氣氛中時，大家就不會那麼計較一些小毛病了。我們常常誇獎別人，也會讓我們自己明白，別人就算有一些小毛病，但對方的優點還是很多的，他的優點完全可以蓋過他的缺點。

總之，如果我們批評、指責別人是因為自己的心理問題，就算對方依照我們的意見改正了，我們依舊是不會滿意的，而且很可能會變本加厲，直到惹人厭煩。只有改變我們自己的心理狀態，我們才能更好地接納自己、寬容別人，與他人和諧相處。

32

拖延：再等我兩分鐘

魯迅先生曾說：「生命是以時間為單位的，浪費別人的時間等於謀財害命。」我們拖延，就是在浪費時間，浪費生命，這等於自殺。

阿來家的淋浴壞了，本來第二天就應該叫師傅來修的。阿來第二天一大早要去公司上班，便把這件事情交給了平日在家裡從事寫作的妻子。妻子回答得好好的，說下午就會打電話叫人來修理。

結果過了兩天，家裡的淋浴還是無法正常使用。妻子對阿來說，這兩天她有個非常重要的稿子要趕出來，整個人都鑽進去了，就把打電話的事給忘了。妻子承諾說：「我會在明天下午打電話的。」可是誰料到，第二天妻子的朋友叫她出去採風寫稿，而且這個活動非常有趣，妻子一聽完馬上就收拾行李飛往澎湖去了。在機場待了好一會兒，妻子才想起傳LINE告訴丈夫自己出去旅行採風的事。

丈夫工作完一回到家，第一時間就想起淋浴的事，但想著今天都五點半了，打電話叫人來修理太晚了，於是想著還是等明天吧。但是阿來的工作每天都是朝九晚五，根本沒時間看著工人修理，他也不放心把空無一人的家交給工人們，於是，阿來決定還是星期六找人來修理吧。就這樣，阿來用臉盆洗澡洗了將近一週的時間。

到了星期六的時候，阿來睡到上午十點才起床，盥洗完，吃完早飯，他想起要叫人來修理淋浴。他準備先把電視打開，再打電話，結果電視裡正好在播放他喜歡的籃球賽，他一看入迷之後，就忘了要找人來修理淋浴的事。等到了廣告時間，他終於拿起電話準備打，又想著先上個廁所再打吧。上完廁所出來，阿來沒有忘記打電話的事情，但看著要到午飯時間了，他想著還是下午再打吧……結果，下午的時候，阿來被朋友約出去玩，又打算拖到星期天再修理淋浴。

就這樣，因為各種事情的影響，直到週一，阿來還是沒有找人來修理淋浴。新的一週開始了，阿來又進入了繁忙的工作狀態。阿來越來越習慣每天晚上用臉盆洗澡，覺得這也滿方便的，就沒想過要修理淋浴了。

直到淋浴壞掉的第三週，妻子回來了。妻子帶朋友來家裡玩。大家聊天聊到晚上十一點左右，準備洗澡睡覺，結果妻子發現淋浴還未修好，妻子感覺這給朋友造成了極大的不便，畢竟那些臉盆都是他們夫妻二人平時用的。

妻子對丈夫很不滿意，她對阿來說：「這麼一件小事，你居然拖了那麼久，這麼點小事都做不好的話，以後有了孩子，你能管好嗎？」丈夫和妻子都在情緒之中，丈夫又指責妻子之前也拖拖拉拉沒去修理的事。就這樣，夫妻二人把責任推來推去，吵鬧不休，朋友聽到這些，感覺也很尷尬。

第二天，在妻子和丈夫還沒起床的時候，妻子的朋友就叫人來修理了。妻子的朋友在離開之前對她說：「瑩瑩啊，東西壞了是小事，別因為這事讓感情壞了。」

拖延幾乎發生在每個人的身上，但上述故事中的拖延更應該引起人們的思考。丈夫和妻子都在拖延修理淋浴，但這只是打一個電話的事，並非一項非常困難的任務，為什麼如此輕鬆的事，他們還是會選擇拖延呢？

起初，這件事情的確不是夫妻倆最緊要的事，他們要為工作而忙，對這件事的輕視，導致他們沒有及時對其做出處理。

後來，在拖延中妻子和丈夫都感覺到，修理淋浴是一件枯燥乏味的麻煩事，所以遲遲沒有採取行動。妻子一聽到採風的消息，立即就準備行李；丈夫一看籃球賽，根本就停不下來。在夫妻倆的意識裡，就算修理淋浴是應該馬上處理的問題，但因為對這件事興趣度低，讓他們很容易被自己感興趣的事情所吸引，而把這件「麻煩事」拋到腦後。

另外，夫妻倆拖延還有個重要的原因：妻子出門採風，淋浴損壞對她暫時沒有影響；丈夫習慣用水盆洗澡後，淋浴損壞也沒有對丈夫造成很大的影響。

於是，淋浴就遲遲沒有人去修理了。

透過上述故事情節，我們能夠感受到，丈夫和妻子都是除了工作和玩樂外，對待其他事都習慣性拖延的人。直到這件事情讓妻子的朋友感到不便，讓妻子丟了面子，妻子才感受到這件事情影響到了她。當人們因為拖延產生自責、負罪感，甚至是自我否定時，我們應該慶幸，至少現在的我們還明白自己的拖延是不對的。就像如果妻子的朋友不來家裡玩，淋浴修理一事，很可能會一直得不到解決。

而且更嚴重的是，丈夫和妻子的習慣性拖延還會影響到他們的感情，會大大降低他們的生活品質，他們對彼此的信任感也會受到損害。

至於拖延為什麼會產生，人們眾說紛紜，因為生活中存在各種因素，導致我們無法高效地完成一件事情。魯迅先生有一句話或許可以幫助我們認清拖延的危害，他曾說：「生命是以時間為單位的，浪費別人的時間等於謀財害命。」我們拖延，就是在浪費時間，浪費生命，這等於自殺。如此看來，習慣於拖延的我們，根本不愛惜我們自己的生命。

我們之所以會拖延，或者是因為我們還未好好考慮過死亡這件事。我們不斷地迴避現實的任務，迴避時間的流逝，用娛樂來填充自己，追求虛偽的完美，其實是不想面對死亡。這樣矇騙自己過日子，其實就是怕死，害怕現實生活中的自己一事無成，所以我們才允許自己拖延，偽裝成完美的表象。又或者，喜歡拖延的人是因為他們不怕死，尤其是現在的年輕人，覺得死亡離自己還很遙遠，他們輕視死亡，覺得還有大把時間可以揮霍。不管怕死與否，我們都沒有直面死亡，尊重生死。如果把這個問題想清楚了，那我們就會明白，對自己而言最重要且最緊迫的事是什麼。

還有一個問題是，我們為什麼會因為拖延痛苦不已？拖延有兩種，一種是有截止日期的，另一種是無截止日期的。後一種就比如：我們想要自學一門樂器，想要成為一名作家，這些事情都是我們的自發行為，是我們自己內心的追求，不是外在力量強加給我們的，沒有人會要求我們在某個時間點必須學會、必須完成、必須成為。還有，陪伴家人和朋友、鍛鍊身體、保持健康，這些事更不會有人強行要求我們去做。而這些沒有人要求我們必須在某個時間段完成的事，很有可能我們一輩子都不會去開始，更別說完成了。就是這種長期拖延，讓人們產生一種強烈的負罪感，因為這是在做對不起我們自己的事，喪失的是我們自己的夢想和人生。很多時候，人們的憂鬱也來源於此。

那麼，戰勝拖延，我們到底該怎麼做？

一、將你的任務分為幾個步驟。這樣我們會感覺到每個任務都是具體的，不像之前，一個很籠統的大目標擺在那裡，讓自己無從著手。大任務被分解為小任務，小任務完成起來比較輕鬆，這樣可以降低我們逃避工作、陷入拖延的機率。而且每完成一項小任務，就會有相應的成就感，增強了我們的動力和自信心，這樣就會支持我們將工作進行到底。

二、完成一項任務，就給自己一個小獎勵。給自己獎勵，是鼓勵自己繼續堅持下去，不再拖延，是對自己拒絕拖延的肯定和褒揚。這種做法適合我們決定戰勝拖延的最初那段時間，如果長期以獎勵的形式來抵制拖延，可能會演變成急功近利，養成功利型人格。所以，如果給自己小獎勵，一定要注意給予的時間、給予的量，不可長期如此，也不可讓獎勵太過豐厚。

三、要增強對未來的實感。拖延的人看著時間一分一秒地流逝，卻不知道這意味著什麼。如果把自己剩下的時間，不以年來算，而是以天、甚至以小時來算，這樣會讓我們更加有緊迫感。倒數計時也是個很好的辦法，這樣可以讓我們更加有緊迫感，但注意不要給自己太大的壓力，以免適得其反。

四、做到七十分，就是我的目標。這是針對一些消極完美主義者提出的建議。這些人大可不必害怕自己做得不夠好，首先給自己心理暗示，只要做到六十分或七十分，就算是成功，這樣有助於此類型的拖延者勇敢邁出第一步。只有邁出第一步，才會有後面不斷地進步、不斷地完善。

五、現在這件事就是最緊要的事。如果我們想要拖延一件事，那就把它當成是自己現在要做的唯一的事，其他的事都不管，這樣我們就能夠專注於它，盡快完成任務了。

拒絕拖延的確是一件很難的事，但是想想，我們的人生只有這短短的幾十年，每一分每一秒都屬於我們珍貴的生命。拒絕拖延，不要再讓無謂的拖延奪走我們的生命。

33

狹隘：我就是容不下你

心胸狹隘之人若不能除掉他們的「眼中釘」，就會坐立難安，心神不定，甚至因為思慮過度，影響他們的身體健康。曾有中醫指出，思慮過度則氣結傷脾臟。所以，狹隘心理既傷心，又傷身，可謂百害而無一利。

余校長自己創辦了一所私立學校，這所學校已經建校七八年了，七八年以來，學校的發展每況愈下。這所學校的升學率很低，以致學校的口碑很差，優秀的老師都不願意來，優秀的學生也不願意來。余校長整天坐在辦公室裡苦惱，自己有一腔的教學熱情，但卻拯救不了這所學校；自己知道很多教育思想，卻不知該如何實踐，如何改變老師和學生的消極狀態。

就在這所學校已經處於停滯不前的狀態時，余校長偶然得知，在當地的一所大學裡，有一位教授很會教孩子，這位老師不僅有自己獨特的教育思想，而且已經改變了很多行為習慣不好的孩子，使他們愛上學習。余校長知道，這位老師一定可以改變他們學校的現狀，於是他邀請這位老師去他們的學校教學。當余校長提出邀請後，這位何教授提出要掌管整個學校的教學，因為要改變這所學校的現狀，就必須改變以前的教學方式。如果這個權力不在他的手上，他很難改變這所學校的老師和學生。

余校長跟何教授聊了許久，發現何教授有很多改變學生的成功案例。余校長的學校時常有孩子要逃出校門，為此，余校長還專門請了凶悍的警衛來管理學生。對此何教授卻說，「這些調皮搗蛋的孩子，我不用武力也可以讓他們聽話，而且是心甘情願，甚至是心悅誠服的。對孩子使用暴力，是解決不了問題的」。余校長一聽，這位何教授是個有本事的人，再三考慮，他決定讓何教授來學校裡擔任副校長。

何教授擔任副校長還沒有一個星期，他帶的兩個班的孩子就發生了很大的變化，孩子們上課歡聲笑語，一改以前的沉悶之氣，就連之前愛蹺課的那幾個孩子，也捨不得離開何教授的課堂。重要的是，這些孩子開始主動學習了，也懂得尊重老師、尊重同學了。余校長本想著，何教授能改變這所學校的風氣就不錯了，讓學生們不蹺課、不打架就行，結果萬萬沒想到，何教授竟能在一週之內，讓大部分學生都愛上他的課。

余校長發現，何教授不但教學能力十分強，而且在管理老師方面也十分厲害，老師們都非常服從何教授的管理。而且，何教授還點燃了老師們的教學熱情，這些老師以前面對那些頑皮孩子時，都非常惱火和頭痛，現在卻不那麼苦惱了，開始開動腦筋想著怎麼更好地教好學生了。余校長看到何教授那麼厲害，上至他這個校長，下至學校職工，都非常佩服何教授。這是他當校長八年來，都從未有過的待遇。

慢慢地，余校長看著全校師生越來越敬重何教授，甚至有時候，都忘了他這個正校長，心理上就開始失衡。余校長心裡很明白，何教授是個非常有本事的人，如果他想要取代自己正校長的位置，那是完全有可能的。但何教授從未有過取而代之的想法，他甚至當面跟余校長坦白，他只是想教學生，管教學，至於學校的行政大權，他從未想過。余校長還是不放心，天天都在擔憂何教授會搶走他的校長之位。

有一次，學校的另一個副校長藍校長跟余校長聊起何教授，那是讚不絕口，滿臉的崇拜和敬仰。他還對余校長說：「這樣的人才不可多得呀，余老兄，我們要好好珍惜他，還要向他多多學習呀。」余校長聽後，嘴上答應得好，但內心卻極不舒服。

余校長心裡始終是容不下何教授的。沒過幾天，余校長竟以何教授上課過於喧鬧為理由，開除了何教授。因為這是一所私立學校，所以余校長有權開除何教授。何教授離開時對余校長說：「您這樣做，並不是害了我，而是害了您。」

沒過多久，余校長的學校又回到了從前的樣子，陷入了半死不活的狀態，學生不想學習，老師不想上課。這時的余校長，又開始一個人在辦公室裡苦惱了。

從上文中我們可以看出：余校長是一個心胸狹隘的人。當他知道何教授是個有實力的老師後，他都是再三考慮，才答應了何教授，讓他管理教學。而後來，余校長之所以會開除何教授，是因為余校長不能容忍何教授比他強，這是心胸狹隘之人的典型表現，不能接受別人超過自己。因為何教授受到眾多師生的敬重，余校長覺得自己成了陪襯，這是心胸狹隘之人萬萬不能接受的。

狹隘之人與強者的不同之處就在於，真正的強者，如果發現自己不如別人，就會努力提升自己；而心胸狹隘之人，只會想著透過壓制別人，使別人無法超過自己。余校長清楚地知道自己的能力不如何教授，但他並不想著如何改變自己，使自己進步，而是整日擔憂何教授會取代他的地位，並最終選擇了以開除了何教授的方式「保住」自己的地位和尊嚴。

心胸狹隘之人若不能除掉他們的「眼中釘」，他們就會坐立難安，心神不定，甚至因為思慮過度，影響他們的身體健康。曾有中醫指出，思慮過度則氣結傷脾臟。所以，狹隘心理既傷心，又傷身，可謂百害而無一利。

在上面的故事中，余校長把何教授開除後，他的學校發展停滯不前，甚至情況變得更糟了。由此，我們可以發現，余校長這個人目光短淺，心裡只有自己的地位和權力，沒想到更重要的是學校的發展。若余校長不那麼自私和自我，何教授就能幫助他把學校振興起來，而他丟失了這個機會，就是因為他的狹隘。所以，心胸狹隘之人往往做不成大事，因為他們接受不了別人的能力在他們之上。

心胸狹隘之人還有一個特點，就是他們極度敏感、自尊心脆弱。別人隨便說的話，他們都習慣對號入座，認為別人在指責他們、不看好他們。他們會對這些「傷害」他們的人耿耿於懷，然後想著找個機會去報復對方，只有對方受到的傷害大於他們所受的「傷害」，他們才能覺得心裡好過一點。所以遇到心胸狹隘之人，我們總是難以防範的。

我們會有狹隘心理，原因有兩點：

一、認知水準低、閱歷淺、經歷少。有時候，我們容易把事情想得過於複雜、困難，這讓我們覺得自己的能力不足而難以完成；有時我們又容易把事情想得過於簡單，而自己卻沒有做到，這兩方面的因素都使我們覺得無能為力。當我們認為自己無法完成任務、做不好事情，我們就會緊張、煩悶、生氣，變得心胸狹隘。

二、家庭因素。有些孩子從小被寵溺慣了，在家裡沒有人會反對他，沒有人會對他不好。這種溺愛讓他變得肆無忌憚，變得自私自我，容不得別人比自己強，受不得半點委屈，內心變得十分狹隘。

狹隘心理會阻礙我們事業的發展，也會影響我們的人際交往。那我們該如何克服這種心理弱點呢？

一、充實知識、提高眼界。多閱讀一些可以修身養性的書籍，例如《論語》、《道德經》、《莊子》等。諸子百家的文章裡面有大智慧、大情懷，閱讀這些文章可以幫助我們看到更廣闊的世界，不再拘泥於自己狹隘的內心世界，這樣我們才不會因為一些小事耿耿於懷，記恨在心。

二、增長閱歷、豐富經驗。閱歷少的人缺乏經驗，看待問題就容易極端化、片面化、絕對化，這樣的人就容易心胸狹隘。心胸狹隘之人需要豐富自己的社會經驗，與社會接觸得越多，就越明白人們成功的原因，也會明白導致自己的失敗或失落的因素非常複雜，並不單單是哪個人或哪方面的因素在產生作用。所以，我們不能將失敗的憤懣歸究在某個人的身上，也不能因為某一件事的失敗就否定自己。當我們的社會經驗豐富了，我們就不會再狹隘地看待問題，會更為大局著想。

三、多結交寬容大度之人，學習寬容的處世態度。心胸狹隘之人一般不願意向比自己強的人學習，但要改變心胸狹隘的心理狀態，就必須接受他人的強大，向他人學習。

在向寬容之人學習時，你不必想著自己不如他寬容，而是應該看看他是如何做到寬容的；也不要想著你在學習這個人，而是想著你在學習這種寬容的品格。那樣你就不會覺得向強者學習是一件非常痛苦的事了。

四、培養興趣愛好。心胸狹隘之人時常心神不定、思慮日久，甚至想方設法地去陷害別人，這才導致這類人過得極其痛苦。當我們總是對別人懷恨在心、情緒煩悶時，可以試著培養一些自己的愛好來轉移我們的情緒。比如：剛開始我們可以把愛好當作洩憤，如果我們的愛好是畫畫，那畫一幅畫就等於攻擊自己嫉恨的人一次。當畫的畫越來越多，再倒過來看時，我們會發現，自己畫的畫雖然全是為了攻擊別人，但第一，我們發洩完以後就不再那麼苦悶了；第二，這樣的行為會讓我們發現，其實一直都是我們自己一個人想不開，並沒有誰真的傷害過我們。如果藉此我們真的愛上了畫畫，我們的心理世界就會變得更加寬廣，也就不會再那麼計較了。

五、外出旅遊、感受自然。我們都知道，出門旅遊，看看自然風光，可以讓我們的身心開闊。看到大自然的壯闊、幽美、奇秀，我們就會發現，大自然很博大，它可以容納世間各種不同的美，那麼我們的內心為何做不到呢？我們也可以學習大自然，容納各式各樣的人和事。

雨果曾說：「世界上最寬闊的是海洋，比海洋更寬闊的是天空，比天空更寬闊的是人的胸懷。」如果我們有一顆寬容的心，有一個寬廣的胸懷，我們就會發現，這個世界遠比我們想像得要更加廣闊和精采。走出自己狹隘的圈子，既是避免傷害別人，也是放過自己。

34

羞怯：為什麼這樣不知所措

羞怯心理一旦產生，我們的腎上腺素會比平時分泌得多，血液循環也會更快，由此造成我們的大腦中樞神經活動出現暫時性紊亂，記憶系統發生故障，思維也跟著「混亂」起來，於是造成了我們語無倫次、舉止失措的窘態。

薇薇是一名女高中生，在一次數學課上，當大家都在安靜地聽課的時候，她不小心把她的水杯給弄倒了，桌子上弄得全是水，她的課桌底下也全是水。她本可以慢慢地用衛生紙把水擦乾的，但是當時她非常緊張，手足無措，直接就用手把水撥下桌去了，而且完全不經大腦地朝自己的正面撥，結果水全部滴在了她的短裙上。她的短裙被弄溼了，她就一直埋著頭，用衛生紙不停地擦拭裙子……

這時，數學老師勸她說：「薇薇，下課再弄吧。」她聽到這話後，不敢再亂動，只是一直捏著衛生紙，埋著頭，也不願意繼續聽課了。薇薇總覺得，所有的同學都在看著她，嘲笑她的窘態。但實際情況是，同學們都繼續聽課去了，沒有人再關注她。

薇薇就一直這樣耗著，不肯抬頭，也沒心思繼續聽課。老師也感受到了薇薇的難堪，於是也不再提醒她專心聽課了。她的同桌小華說：「薇薇，沒事的，夏天裙子乾得很快的。」薇薇聽到這話，開始做課堂筆記了，但她依然低著頭。

小華本來以為，薇薇已經不那麼緊張了，結果，沒過一會兒薇薇忽然站起身，語速很快地跟老師說她要回家換身衣服，老師說這要問班導師。薇薇卻已經匆忙地跑出了教室。

班上大部分同學都看著薇薇跑出門去，有個女生低語道：「至於嗎？非得回家換……」

另一個故事是，瑜瑜去李浩家裡玩，李浩是瑜瑜心儀的男孩子，他們就讀於同一個科系。李浩的母親帶瑜瑜參觀了李浩的房間，並為他們準備了甜點，讓他們在臥室好好聊聊。

瑜瑜坐在床上，李浩坐在書桌前，兩個人聊起系上的一些事。瑜瑜第一次跟李浩這樣單獨相處，而且李浩並不知道瑜瑜喜歡他，只是因為彼此都是學生會幹部，相處時間長了，他就把瑜瑜當好兄弟一樣看待。瑜瑜看李浩一直很認真地看著自己，正兒八經地講著學生會的事，突然感覺時間好像靜止了，她心跳得很快，出神地望著李浩，一副心動的樣子。李浩見瑜瑜這個呆呆的樣子，感覺很奇怪，而且看她的臉越來越紅，就問：「哎，瑜哥，妳怎麼了，不舒服？」瑜瑜這才反應過來，發覺自己失態了，她馬上對李浩說：「我肚子不舒服，去一趟廁所。」

在廁所裡，瑜瑜感覺非常丟臉，甚至有點不願再見到李浩。而且一想到李浩那樣問她，她就明白，李浩對她沒有那個意思。她就更覺得自己剛才的狀態很可笑，認為李浩肯定也在嘲笑她，說不定還瞧不起她。

她在廁所四十分鐘了，李浩很擔心她出事，但又不好意思去叫她。於是李浩叫媽媽去問問她。李浩媽媽還沒來得及去問，瑜瑜就自己出來了。

正好到午飯時間，李浩媽媽準備了一桌子的菜，瑜瑜跟李浩正對著坐。李浩見瑜瑜默默地吃著自己的飯，不說話，也不多夾點菜。李浩父母叫瑜瑜多吃點，瑜瑜也只是隨聲應和著。

李浩想要逗瑜瑜開心，他夾了一塊豬腳給瑜瑜，還說：「瑜哥，來，吃塊豬腳，還記得上次女足比賽妳踢的那一腳嗎？太屌了！」瑜瑜大聲吼道：「李浩，在你心裡，我就是個男的是吧！」李浩全家人聽到這句話後，都安靜了，瑜瑜也不再說話，臉上一副既憤怒又難過的樣子。瑜瑜坐立不安，等安靜幾分鐘之後，她說：「叔叔阿姨，我吃飽了，我先回家了，謝謝你們的款待。」

瑜瑜走後，李浩媽媽說：「浩啊，是不是你叫她瑜哥，她生氣了？」李浩：「我以前天天那樣叫她，她也沒生氣啊，這次不知道怎麼了？」

上述故事中的薇薇和瑜瑜，她們遇到的情況，以及她們當時的那種窘態，我們在生活中也或多或少地見到或者經歷過。為什麼一發生這種情況，我們就會手足無措，甚至會惱羞成怒呢？在第一個故事當中，薇薇把水杯弄倒這件事本來只是一件小事，只要整理一下就行了，但在她的意識裡，這是一件引人注目，甚至是被人嘲笑的事。她覺得自己把水杯弄倒了是一件很不應該的事，可能別人都不會犯這樣的錯，所以她感覺自己很丟臉。從她的內心來講，她很難接受自己把水杯弄倒的失誤，所以她想要盡快把這個「錯誤」抹去，結果就是因為她過分地在意這件事，反而手忙腳亂，把水弄到了裙子上。裙子弄溼後，她又覺得別人都在注意她的裙子，這就導致她一直處於一種過分關注自己的緊張狀態中，甚至是從裙子上滴到地上的每一滴水都讓薇薇感到緊張，因為她覺得這一切細節別人都看在眼裡，所以，就算小華已經讓她放鬆一些了，她最後還是選擇回家換衣服。這件事情讓薇薇產生了嚴重的心理負擔。

再看瑜瑜，瑜瑜會產生羞怯心理，是因為對方是她喜歡的人。她對喜歡的人看得入了神，其實站在她對李浩的感情角度來說，這是很正常的。但是李浩的回應讓她覺得這是極大的諷刺：李浩感到奇怪的表情，讓瑜瑜覺得那是嫌棄；李浩問她是不是不舒服，讓瑜瑜感覺她心動的樣子在李浩眼裡就是一種病態；李浩對她的稱呼，讓她覺得李浩對她確實沒那個意思。這些都會讓瑜瑜覺得自己出醜了，一想到在自己喜歡卻根本不喜歡自己的人面前犯花痴，她就覺得非常丟臉，以致後面吃飯的時候，瑜瑜一直處於一種又羞又怒的狀態，李浩說的玩笑話，她也覺得是種諷刺、挖苦。

簡單來說，羞怯就是一種羞澀、膽怯。它會表現為緊張、難為情、面紅耳赤和退縮。為什麼羞怯會產生這些反應呢？那是因為羞怯心理一旦產生，我們的腎上腺素會比平時分泌得多，血液循環也會更快，由此造成我們的大腦中樞神經活動出現暫時性紊亂，記憶系統發生故障，思維也跟著「混亂」起來，於是造成了我們語無倫次、舉止失措的窘態。

雖然羞怯的人產生的反應相似，但根據羞怯的成因我們可將羞怯分為三種不同的類型。上述兩個故事的主人公的情況可稱之為認知型羞怯，這是由於不正確的認知引起的害羞。這種人最大的特點就是：過分關注自己，過分追求一種自我安全感。如果薇薇能夠意識到弄倒水杯這件事只是個小失誤，如果別人因此嘲笑自己的話，只能證明嘲笑她的人是無趣的、水準低下的，那樣她還會如此緊張兮兮、手足無措嗎？在意別人的看法，其實是太在意自己了。而瑜瑜之所以會惱羞成怒，是因為她在意自己在喜歡的人面前的形象，她關注的是自己在對方那裡能不能留下一個好印象，但她卻沒有照顧李浩及李浩家人的感受。如果我們沒有想過一定要得到別人的好感，就不會因為不被看好而失望了，所以說，有一種緊張，叫自作自受。

還有另外兩種類型的羞怯，一種是器質性羞怯，這就是我們常說的內向害羞的人，他們似乎生來就很敏感，有時別人可能稍微大聲一點，都會對他們產生不良的刺激。《紅樓夢》裡的林黛玉就是其中的典型人物，她見到人很容易害羞，說話輕聲細語，做事處處謹慎，生怕自己做錯了。

另一種就是挫折型羞怯。有一些人本來不怕羞，個性十分陽光開朗，但在生活中遇到幾次令他羞愧難當的事情後，他就會擔心日後還會發生類似的事。比如：一次運動會上跑步摔了個「狗吃屎」，音樂課唱歌剛唱第一句就忘詞了等等，這樣的話，他往後就容易產生羞怯心理。

羞怯一產生，會讓我們整個人都感覺不自在和不自然，可能還會使我們陷入過分的緊張之中。那我們該採取什麼辦法來應對羞怯呢？

一、條件允許的情況下，閉眼深呼吸，讓自己放鬆。但要避免用藥物來放鬆，因為藥物效果一旦消失，自己仍會陷入過於緊張的狀態。

二、在生活中，多與陌生人交談，要直視對方的眼睛，自然地關注對方，這樣就不會一直想著對方是怎麼看自己的了。

三、經常對著鏡子練習說話，說什麼不重要，重要的是能夠一直從容地說下去。清楚地看到自己說話時的狀態，發現不好的地方，首先要接受它，再努力改善自己的狀態。

四、在心裡暗示自己，別人並沒有注意自己，可能是在注意其他事物，只是恰巧看起來像是在注意自己而已。如果對方真的是在注意自己，那就告訴自己，可能是因為自己身上有什麼很有看點的東西，才會引起對方的注意。

五、在與別人交談時，注意自己的面部表情和肢體語言。要微笑、時不時地點頭、握握手，這些行為主要是讓害羞者產生一種自己放得開、比較自在的感覺，這樣他們就不會覺得和對方聊天非常緊張了。

六、要多讀書，廣泛涉獵各種知識。視野開闊之後，人的心態才會更從容，就不會因為一時的出醜或尷尬而久久不能自拔了。

相關資料顯示，只有百分之五的成年人確信自己從未感到過羞怯，大約百分之八十的人認為自己在兒童和青少年時期感到過明顯的羞怯。羞怯本就是人們與生俱來的本能反應，所以當羞怯產生時，急於消除它，可能會適得其反，越在意自己做得好不好，就越容易出錯。所以，面對羞怯，我們應該「厚臉皮」一點，想著「犯錯就犯錯吧，最多讓自己一時出出醜而已」。只有當我們不過分地在意自己的羞怯時，它才能得到緩解。

35

虛偽：時好時壞的面具

虛偽不一定代表傷害，有時它既能保護自己，也能保護別人。虛偽是人性的弱點，但如果我們能恰如其分地運用它，不做傷人傷己的事，便能因此而過得更好。真真假假，全在於我們虛偽的用意；善與惡，全在於我們自己的選擇。

小玲的朋友阿雙打電話約小玲一起去花蓮玩。

阿雙說：「小玲啊，好久不見了，我好想妳啊。過兩天我們和玉梅他們一起去花蓮玩吧，正好敘敘舊啊。」

小玲：「其實，我也很想去的，朋友們可以一起聚聚，那是多好的機會啊。可是最近家裡有親戚在，人家也是好不容易來玩一回。」

阿雙：「那就叫上你親戚一起，豈不是更好玩？」

小玲：「他們來的時候，都坐了那麼久的長途車了，哪還願意又搭火車去花蓮啊！」

小玲繼續說道：「哎呀，那真的是可惜了，只能以後再聚了。」

阿雙：「是啊，可惜了，我會帶花蓮特產回來給妳的。」

通話結束後，小玲的女兒問小玲說：「媽媽，明明沒有親戚來我們家啊，妳為什麼要跟阿姨說假話呢？妳不想去，不是可以直說嗎？」

小玲說：「晴晴，很多時候我們都是不能說實話的，說了實話，可能反而讓別人不高興。」

女兒問道：「那媽媽妳為什麼還教我不能說謊呢？還說說謊的孩子都不是好孩子。」

小玲一時不知道該怎麼回答。

阿雙跟小玲通完電話後，立刻打電話給玉梅說：「妳再找個人吧，小玲不想去。」

玉梅說：「小玲不是妳的好朋友嗎？妳也叫不動她？」

阿雙：「要不是必須再加一個人入團才打折，我才懶得叫她呢，那麼久沒見了，誰還記得她呀。」

玉梅：「好吧，我再幫妳找個人吧。」

阿雙：「好好好，謝謝啊。」

在一種惡性競爭的環境中，人們也極易產生虛偽的行為。下文就是一個這樣的故事。

李麗和王梓是高中同班同學，王梓的成績一直位居校排第一，李麗位居校排第二。李麗和王梓平時是好朋友，李麗有什麼心事都會和王梓聊，兩個人一起吃午飯，一起逛操場。

每一次，王梓考取了全校第一，李麗都會對她說恭喜和祝福的話，甚至還會準備禮物給她。也是因為這樣，王梓和李麗走得越來越近，經常會邀請李麗去她家玩。班上的同學也都認為李麗非常喜歡王梓這個朋友，對她是很真誠的，就算是做個「萬年老二」，李麗也絕不會嫉妒王梓，而是真心為她感到高興。

有一次模擬考，王梓考取了全縣第一的好成績，獲得了老師們的表揚，同學們也非常羨慕她。這一次，李麗依然非常開心地對王梓說：「梓梓，恭喜恭喜！全縣第一哦，太棒了，繼續加油！」李麗還送給王梓一個非常大的熊娃娃。

但是，李麗回家以後，吃完晚飯，就把自己關在房間裡。她不停地大哭，媽媽問她什麼事，她也一語不發。

直到第二天，媽媽收拾她房間的時候，發現床下的一些紙團。媽媽打開來看，上面寫的是：王梓，為什麼妳是第一名，而我永遠只能是第二？我比妳還要努力、還要拚命地讀書，憑什麼，憑什麼！我根本不把妳當什麼好朋友，每天看到妳那張臉，我就會想到妳拿走了屬於我的第一，我一定要超越妳，我也要讓妳品嘗到失敗的滋味……

看到這些話，媽媽哭了，她完全沒想到女兒竟然是這樣的人，她覺得自己的教育很失敗。

除了上面的這種競爭環境，在生意場上，也不缺少「虛偽」的例子。

小兵剛開了一家火鍋店，他對消費者保證，他使用的油絕對是好油、放心油。自從開張以來，他的生意一直非常好，客人源源不斷。卻不料，在開張後的第二個月，小兵的火鍋店就被食品藥物管理署查出正在使用地溝油。

顧客們紛紛唏噓感嘆道：「現在還有幾個生意人是有良心的呀！全都是為了自己的利益！」

虛偽是人性的一大弱點，幾乎人人都會有虛偽的時候。當我們感受到別人的虛偽時，心理上會很受傷，我們會感慨，這世上還有什麼是值得相信的呢？還有誰是完全真實的呢？

虛偽的人首先是想欺騙自己。故事中的小玲、阿雙，還有李麗，他們對朋友的態度是不真誠的，不代表他們不想表達自己真實的態度；相反，他們可能很想讓對方知道自己的真實想法。李麗在王梓面前裝得那麼辛苦，她巴不得自己能把想說的都說出來，內心那麼嫉恨，表面卻要裝得很要好，這不是她想要的結果。她之所以繼續虛偽下去，是因為她知道，嫉恨雖然是她真實的心理狀態，但那不是健康的心理狀態，那是不對的、不可告人的。所以，她想要欺騙自己，只要自己沒有表現出嫉恨，王梓和同學們就不會知道她的內心是怎麼想的。這樣的話，虛偽就可以讓她減少對自己的譴責。

而小玲和阿雙為了維護表面上的友情，沒有對對方說真話，這似乎是為了不傷害對方，實則是害怕傷害到自己的利益，害怕日後和對方相處起來感到尷尬。所以很多時候，我們之所以虛偽，是為了維護自己的利益。這就包括：維護自己的私人情感，維護自己的工作利益，維護自己的家庭等等。

在動物界，動物們為了生存，養成貪婪、狡詐、殘忍的習性，但我們人類與動物不同，因為我們具有更發達的智力，懂得思考，崇尚道德，所以我們必須理性地克制自己身上的那些動物習性，來完善自己的人性。很多時候，我們不能放任自己身上的動物本能，不能想吃就吃，想要什麼東西就要什麼東西，想說什麼話就說什麼話……我們小時候想要芭比娃娃，就會馬上跟媽媽說自己要芭比娃娃，但長大以後，媽媽問我們缺錢嗎？我們也會因為體諒父母，哪怕缺錢也會硬著頭皮說自己不缺。有時候，虛偽、謊言，也是我們長大成熟的表現。

社會壓力讓人變得虛偽，有時為了迎合社會的需求，為了適應社會生存，我們不得不虛偽，不得不以虛假的面目示人。但是有一種虛偽，是不可原諒的。就像上面的第三個故事，小兵為了謀取自己的利益，竟做出傷害消費者健康的事，這種作假行為已是一種犯罪行為，是不可饒恕的。

總之，虛偽會帶給人們很多苦惱和傷害。就像故事中的李麗，她用虛偽來掩藏她對王梓的嫉恨，這樣做對她和王梓來說都不好。李麗長期處於憤怒、傷心、壓抑的狀態中，可能會導致憂鬱症；而且，隨著她對王梓的憤怒和嫉恨不斷發酵，她很可能會做出傷害王梓的事來。

那我們該如何避免這種帶有傷害性的虛偽呢？

一、卸下心防，面對真相。當我們因為虛偽讓自己感到很痛苦的時候，我們就應該面對自己真實的想法。比如像李麗這種情況，我們可以先把真實情況寫在紙上：王梓考了第一，我考了第二；王梓為什麼能考第一，我為什麼考第二；我心裡沒把王梓當朋友，王梓對我的態度又是怎樣的……把這些情況都如實地寫下來，越詳細越好。因為這樣的虛偽源於嫉妒，如果我們把自己所嫉妒的對象的情況與自己的情況原原本本地寫出來，然後相比較，就會發現自己心生嫉妒只是自己的問題，是自己還有哪裡表現得不夠好，哪裡還可以提高或者彌補。等我們沒有了嫉妒，對別人好就不是一種虛偽的做法，就不會讓自己不舒服了。

二、坦誠相待，講出心裡話。我們明明討厭一個人，卻表現得很喜歡他，這樣的虛偽讓我們很難受。但在背地裡討厭別人，說別人壞話，甚至做出傷害別人的事，這樣只會傷人傷己。

既然如此，為何不對對方坦誠相待呢？如果這個人是我們的朋友，他有一些缺點讓我們不喜歡，我們卻不指出他的缺點，而是對此表現出贊同和欣賞，那就是在害我們的朋友。其實我們可以嘗試著跟他溝通，講出我們對他的不滿，告訴他有哪些地方會令人反感。如果他願意接受我們的批評和建議，就可以說明朋友更好地認識和完善自己，也會促進我們與朋友之間的感情。

三、善意的謊言，何必有負擔。當有些病人被查出得了絕症，卻不願意將這個事實告知家人，讓家人陷入焦慮和絕望，但又因為騙了家人，而產生了心理負擔。

要減輕這種心理負擔，可以先想一想，自己如果告訴家人真相會是怎麼樣的一個結果；不告訴家人真相，又是怎麼樣的一個結果。是前者帶給對方的傷害大，還是後者帶給對方的傷害大？兩者衡量一下，我們便會明白，不告訴家人真相是更好的選擇，這樣我們就可以減輕自己的心理負擔。所有善意的謊言都可以用這種思路來消化。

虛偽不一定代表傷害，有時它既能保護自己，也能保護別人。虛偽是人性的弱點，但如果我們能恰如其分地運用它，不做傷人傷己的事，便能因此而過得更好。真真假假，全在於我們虛偽的用意；善與惡，全在於我們自己的選擇。

36

猶豫不決：到底選哪個好呢

猶豫不決的人最致命的思維陷阱就是「層級局限」。這就像我們還沒中五百萬，就開始擔心如果自己中了五百萬，會不會被人搶劫，會不會遭遇暗殺……這就是典型的「站在一樓推測五樓」的思維方式。

有一天，阿文剛忙完工作在家休息時，想到下午正好是休息時間，他很想去女朋友家裡，和她說說話。但他又想，他和女友剛在一起不久，就去她家找她，是不是太唐突了、太冒昧了。他左思右想，女友會不會不待見他，會不會不在家，會不會太忙了，會不會根本不想見他？

最後，他還是硬著頭皮坐上了一輛計程車來到女友家，但在車上的時候，他就開始後悔了。

當他下車後，他在女友家的那棟樓下徘徊了很久，想著乾脆還是回自己家吧，但又想著既然來都來了，那為何不上去一試呢？

他走進電梯，來到十樓。他按電鈴，結果電鈴不響，然後，他試著敲了兩下門，結果還是沒人回應。他想著，打個電話吧，不過他又開始猶豫了，如果女友在家的話，怎麼可能不來開門呢？如果女友是歡迎他的，怎麼可能不替他開門呢？他想著如果這時候還打電話給人家，是不是太厚臉皮了。他又想，或許是女友並沒有聽到敲門聲呢？他糾結了，要不要再敲兩下呢？可是如果真的是女友不待見自己，那再敲下去，簡直就是一種打擾了啊！

就這樣，阿文在門口徘徊不定，走來走去，一直無法決定自己是否應該敲門。

阿文的女友到底在哪兒呢？原來，她就在家裡，她聽見了敲門聲，但她並不知道那是阿文。最近社區內發生過入室盜竊案，她很怕那是什麼壞人，無奈貓眼又被小姪子用口香糖塞住了，根本看不到外面是什麼人。

女友也很想打通電話讓阿文過來陪陪她，但她也很猶豫要不要打這通電話，萬一阿文在工作呢？萬一阿文約了朋友出去玩呢？女孩子主動打電話給男生是不是太不矜持了？於是，她在糾結當中也沒有打出去這通電話。

後來，阿文在門口逗留夠了，就回家了。阿文很失落，因為他就這樣浪費了一下午的時間，這一下午他都沒有等來女友的消息。女友也很失落，因為她是非常希望阿文來陪陪她的，但她遲遲沒等到阿文的消息。

阿文和女友會消耗掉一個下午的時間，錯失彼此相處的機會，是因為他們彼此都猶豫不決。可我們為什麼會猶豫不決呢？

第一，我們的得失心太重，恐懼失去，這是我們難以取捨的一個重要原因。阿文和女友都害怕自己失了面子，害怕自己得不到戀人的熱情回應。他們想的都是自己在對方心中的形象，所以遲遲拿不定主意。猶豫不決的人總是花費大量時間考慮，怎樣做才是對自己最有利的。

第二，認知障礙。我們得失心重，是因為我們沒有能力看清我們想要得到的究竟是什麼，在我們心中什麼是最重要的，所以我們就很難判斷一件事的利弊關係。阿文如果弄清楚自己的面子重要還是見到女朋友重要，他就不會猶豫不決了。

第三，情緒刺激。我們對一些事情猶豫不決、考慮再三，是因為我們在這類事上吃過虧。比如：有些女孩子經歷了幾次失敗的戀愛以後，再次遇到喜歡的人，就不會那麼勇敢地去談戀愛了，會考慮很久才決定要不要和對方成為男女朋友。再比如：如果我們吃羊肉爐鬧過一次腹瀉，日後見到羊肉都會有些忌憚。這就是心理學上所講的：我們過去受到過強烈的不良情緒的刺激，一旦再次處於類似的刺激情境下，我們就會產生消極的條件反射。

第四，性格因素。有些人膽小怕事，做人唯唯諾諾，天生性格就是害怕承擔後果，這種人做事情是最容易猶豫不決的。

第五，家庭原因。家人的過分寵愛會讓孩子漸漸失去思考能力和獨立自主能力，在這樣的生長環境下長大的孩子，他們進入社會後，面對事情就會無從著手，容易猶豫不決。

猶豫不決的人有一個典型特徵，就是他們會把橫在面前的困難放大，抱著能拖一天是一天的心態逃避。他們看似謹慎小心，拒絕魯莽從事，其實是因為內心深深的不自信和恐懼。

而且，猶豫不決的人最致命的思維陷阱就是「層級局限」。阿文在還沒有見到女友之前，就開始想女友見到他以後的各種心理狀態，這樣的想像自然會讓我們考慮更多的東西，導致我們難以抉擇。這就像我們還沒中一千萬，就開始擔心如果自己中了一千萬，會不會被人搶劫，會不會遭遇暗殺……這就是典型的「站在一樓推測五樓」的思維方式。這樣的思維會讓我們止步不前，魯莽的決定、錯誤的選擇都不是最大的危險，最大的危險就是這種我們一直處於止步不前的狀態。

一位哈佛大學教授曾對人們貧窮的原因做過漫長的研究，最後，他得出了九個令人變窮的因素，而首要因素就是猶豫不決。猶豫不決的習慣並不是簡單的讓我們選了A就得不到B，而是會讓我們在不停的猶豫中失去我們的人生。

那我們該如何克服猶豫不決的性格缺陷呢？

一、先做決定，再做總結。猶豫不決的人平時要考慮很久才能做出一個決定。更嚴重的是，在漫長的猶豫中，他們很可能最後放棄了選擇，選擇了逃避。所以，喜歡猶豫不決的人，要養成一種快速做決定的習慣，也就是把過去的思維模式轉變一下，過去是先考慮後決定，現在是先決定後總結。在做完決定之後，如果我們發現自己的決定是錯誤的，就要總結經驗教訓，以免下次再犯同樣的錯誤，這樣會更利於我們下次做出正確的選擇。

二、扔硬幣決定。雖然這種方法是個很老套的方法，但它很有效果。丟硬幣不是幫助我們做出更好的選擇，而是幫助我們快速地走出猶豫不決的狀態。從拋出硬幣的那一刻起，我們心中就有一個答案了，那就是我們希望拋出的那一面，即便最後拋出來的結果並不是那一面，我們也知道自己應該選擇的是哪一個了。

三、不要在意自己的面子。就算是很多有成就的人，有時做起決定來也容易拖拖拉拉，很長時間都沒有個結果，因為他們擔心自己做了一個錯誤的決定，遭他人嘲笑，被別人瞧不起。這樣的話，他們大部分的精力就用在了怎麼維護自己的形象上了。很多時候，我們的猶豫不決源於我們對自己個人形象的追求，所以，往往不在意這個選擇會給自己帶來什麼影響的人，越容易快速做出決定。

四、對我們的需求排序。猶豫不決的人往往是貪心的人，他們之所以會在兩個選擇、三個選擇之間不停地徘徊，就是因為他們不想錯失任何好處。但是我們在做選擇的時候，必定是有得就有失。所以，為了選出我們最想要的結果，我們就必須給自身的需求排序，將我們最需要的排在第一位，最不需要的排在最後一位，這樣當我們再做選擇時，就可以按照順序選擇而不必再糾結了。

五、相信第一直覺。我們在猶豫不決的時候，閉上雙眼，心中出現的那個答案是什麼，就選什麼，不要再改動。因為那才是我們心之所向的最好的答案。

我們花費了大量的時間在選擇上，殊不知更重要的是行動，只要我們下定決心去走一條路，就會走出一條成功之道。正如一句流行語所說的那樣：你坐在一條正確的道路上，還是會被別人超越的。所以，很多時候，行動比選擇更重要。那還等什麼，快速做出你的決定，開始行動吧。

37

追求完美：我要百分百的好

完美主義者為什麼一定要追求完美呢？根據心理學對完美主義的研究，完美主義的根源是幼兒式的思維模式。也就是說，很多人長大成人之後，他們的思維模式還是幼兒的「二分法」思維模式。

小林是一名上班族，在公司裡屬於管理階層。小林對待任何事情的要求都很嚴苛，總是追求一種完美的狀態。

小林的下屬們平時工作很害怕出現紕漏和不足，因為任何一個小瑕疵都可以惹得小林雷霆大怒。有一次，小林的下屬交給小林一份文件，小林仔細閱讀完文件後，發現文件的第三頁多了一個逗號，於是小林當即嚴厲地訓斥了該下屬一頓，還氣急敗壞地將文件摔在下屬的身上。

小林對自己要求也非常嚴格，如果做不到自己所期望的那樣，他就會很自責、很難過。有一次，小林完成了一個方案，交給老闆看，老闆很滿意。但就在老闆決定採用小林的方案時，小宋拿來了自己的方案，老闆一看覺得耳目一新，很有創意，打算採用小宋的方案。小林對老闆說：「她的方案還有很多資訊不夠充分，怎麼可以用她的呢？」老闆說：「小宋的方案的確沒有你的方案文字成熟、步驟清晰，但你發現沒有，她在專案開發那一點上，有自己的創新性，這就是我們所需要的呀！」小林聽到老闆的話以後，整個人都很沮喪，打算熬夜重做方案。他熬了一晚上，凌晨六點左右，倒在了辦公桌上。

小林精神壓力過大，又經常不按時吃飯，身體狀態已是過度疲勞。就在小林的妻子趕來醫院的時候，小林正吊著點滴在病床上休息。然而小林看到妻子後說的第一句話，竟是責怪妻子今天的著裝顏色搭配得不協調。小林對妻子說：「妳先回去換了衣裳再來吧。」小林的妻子掉著眼淚，非常生氣地跑出了病房。

從上文中我們可以看出，小林是個完美主義者，凡事都力求完美，容不得一點瑕疵。完美主義者的性格特徵之一，就是對自己要求嚴格，對他人要求也很嚴格。追求完美的人不能容許自己犯一丁點錯，無法面對失敗的結果。小林對下屬要求很嚴格，不能容忍他們犯錯，其實是內心深處無法容忍自己可能會犯跟下屬同樣的錯。

完美主義者為什麼一定要追求完美呢？根據心理學對完美主義的研究，完美主義的根源是幼兒式的思維模式。也就是說，很多人長大成人之後，他們的思維模式還是幼兒的「二分法」思維模式。這種模式表現在：他們始終以自我為中心，以他們的好惡來判斷好壞。就像小林對待妻子的態度，他認為妻子衣服的配色是不協調的，就認為這是不對的，是不完美的。但是衣服穿在妻子的身上，怎麼搭配是妻子的自由，不應該由小林來決定。由此可見，完美主義者的心智還不夠成熟，還不能多維辯證地去看待這個世界。

這種「二分法模式」還表現在：完美主義者對好壞、對錯的判斷非常單一。在他們的意識裡，如果不是最好，就是最差，所以他們無法忍受失敗。只要他們沒有做到最好，他們就會認為自己是最差勁的，是不被人接納和認可的。

完美主義者追求完美，是因為他們以追求完美為正確的人生態度，甚至引以為傲。我們認真做好自己的工作，並且盡力做到最好，這是無可厚非的。但我們需要意識到，即使我們努力工作，也不代表我們就一定會得到完美的成果。一件事的成敗跟環境因素、人文條件、時間因素有著密切的關係，所以，世界上不可能存在完美的人，不可能有人做成一件絕對完美的事。所以說完美主義者在努力追求的是一個根本不存在的東西，況且他們還以此為人生目標，那必定會經歷失敗、失望和沮喪。

完美主義者之所以追求完美，還有一個原因，他們的父母在他們的童年生活中，對他們的要求非常嚴苛。他們只要是做錯了一點事，就會被批評和責罰；但當他們表現得好時，父母卻很少誇獎他們、鼓勵他們。這樣的家庭教育，會讓孩子形成一個意識，就是「如果我做不到最好，我就不值得被愛、被尊重，我永遠都不能犯錯，不然我就完蛋了」。在完美主義者心中，追求完美就等於追求尊嚴、追求關愛，如果做不到完美，就得不到這些。但完美是無法達到的，所以他們終究會被失望所籠罩。

有一些人也因為追求完美而獲益，但為什麼另一些人卻越是追求完美，越是生活混亂呢？這是因為，完美主義者在工作中、生活中，都會遇到很多不那麼稱心如意的事，面對這些不完美的事，他們是無法接受的。他們的第一個目標還沒有完成，感到懊惱、沮喪，緊接著又制定一個更高的目標，這讓他們屢戰屢敗，信心受挫而又不甘心。他們嘗試著改變自己生活中所有的不完美，這讓他們不得不同時著手做很多事，但一個人的精力和時間都是有限的，所以完美主義者會在各種事情中奔波勞累，最後草草了之，這就會讓他們陷入失落、沮喪、焦慮中無法自拔。有些完美主義者因為無法完成自己制定的計畫，還會發怒、異常激動，甚至可能選擇輕生。

追求完美，有時是我們前進的動力，有時卻是我們成功路上的阻礙。而且一般追求完美的人，總是會對人挑剔、苛刻，所以他們的人際關係都不會太好。

那麼，面對過分追求完美的心理弱點，我們該怎麼辦？

一、適度偷懶。當我們在工作中追求完美時，我們就會花費全部的精力在工作上，甚至犧牲我們的休息時間。或許這樣的確可以讓我們把工作做到很好，但這容易讓我們在面對工作時過於緊張，搞得自己身心疲憊。若出現失誤，更會讓我們陷入深深的自責當中無法自拔。所以我們不妨按時上下班，認真做好本職工作，不要過多地為以後操心。這樣或許可以減輕我們的壓力。

二、和親近的人交流。當我們過分追求完美，而達不到自己的目標時，常常會否定自己，認為自己一無是處，不值得被人愛。這時我們可以和自己親近的人好好交流一下，聽聽他們對自己的看法，或許我們會發現，沒有人在極力否定我們，在他們心目中，我們已經夠努力、夠優秀了。

三、追求現實的目標，降低目標難度。完美主義者總是對自己所要做的事要求很高。比如：第一次做飯，他們就要求自己做得跟食譜上的一模一樣，不能有一點差池，但要自己第一次就做得跟食譜上一樣好，這是很難的，所以我們可以適當地降低目標的難度。第一次炒菜，能夠把菜炒熟就算成功；第二次炒菜，能夠保證味道是正常的，就算成功。只有這樣，一步一步地完成我們的目標，我們才會獲得腳踏實地的快樂。

三、掌握「二八原則」。在我們一天的生活中，發生著大大小小的事，如果每一件事都做到最好，時間和精力肯定是不夠用的，對於完美主義者來說，這無疑是種折磨。所以，我們要將自己所要做的事分好類：哪些事是頭等重要的，是必須要做到最好的；哪些事是剛剛做到及格就可以的。當時間實在不夠的時候，我們就把時間集中在緊要的事務上，這樣我們就不會因小失大，因為浪費了大把時間卻沒做好事而自責。

沒有哪一個人是完美的，我們做不成完美的人，這並不代表我們就是失敗的。重要的是，我們該如何去接受生命的不完美，那才是我們快樂的源泉。

38

自我設限：我肯定不行

自我設限，就是自己給自己畫地為牢，自己出不去，新的事物、新的思想也進不來，就這樣自己把自己給「束縛」起來了。其實我們不如給自己鬆綁，能走多遠算多遠，無論結果怎樣，都是自己努力爭取後得到的。

曾經有心理學家做過一個實驗，他把一條餓了多日的小鯊魚放進魚缸裡，用一塊透明的玻璃板把魚缸隔成兩半，在鯊魚所在的另一邊放進幾條小魚。鯊魚看到小魚後，就像箭一樣向小魚衝去，結果，牠碰到了中間厚厚的玻璃板，但牠並沒有放棄，一再向小魚衝去，結果自然是碰得頭破血流。等接受了足夠的教訓之後，鯊魚終於放棄了。這時候，心理學家把中間的玻璃板拿開。小鯊魚雖然游到魚缸中間，卻再也不敢向前靠進，甚至，對面的小魚慢慢地游到了牠的嘴邊，牠也不敢吃。因為經驗告訴牠，如果試圖吃小魚，牠的頭就會痛。

類似的心理，在很多人身上也有展現。

李梅是一個大一新生，進入大學後，她學的是體育。她最擅長的項目是羽毛球和乒乓球，其他體育項目都是剛剛達標。如果有羽毛球比賽和桌球比賽，她一定會參加，但如果要她去參加排球比賽、田徑比賽、籃球比賽等，她就會說：「哎呀，這些我又不是很擅長，我去參加一定會出醜的。」

上大學後，她幾乎沒有接觸過除體育以外的任何活動，也沒有參加任何一個社團。音樂社，她覺得自己沒學過唱歌，肯定不適合加入音樂社；文學社，她覺得自己沒什麼文學天賦，也不適合加入文學社。但她卻沒有看到，自己身邊有很多人，以前從來沒有參加過這些活動，依然積極爭取，努力學習，從中獲得自我提升。

在大學裡待了四年之後，李梅畢業了。出去找工作，她也只會找與體育密切相關的工作，如果有一點與專業不符合的地方，她就會放棄。而她的一些同學卻勇於嘗試與科系不一致的工作，比如金融類、業務類、管理類的工作，而且還從中找到了更適合自己、自己也更喜歡的工作。

而李梅總覺得與體育不沾邊的工作，自己肯定是做不好的。結果越到後來，工作壓力和生活壓力越大，她就越不願意嘗試著去突破自己。

除了上面的心理實驗和生活中的故事，歷史上也有很多自我設限的例子。例如呂蒙的故事，就是一個非常經典的自我設限與如何突破自我局限的例子。

呂蒙是三國時期東吳的將領，他驍勇善戰，受到周瑜、孫權的器重。但是，魯肅卻非常看不起他，因為他能武不能文，沒有學識。魯肅認為他只是一介草莽，能力不足以謀事。呂蒙則自認低人一等，不愛讀書，不思進取。

有一次，孫權派呂蒙去鎮守一個戰略重地，臨行前囑咐他說：「你現在很年輕，應該多讀些史書、兵書，掌握的知識多了，才能不斷進步。」

呂蒙：「我天天忙著帶兵打仗，哪裡有時間學習？」

孫權批評他說：「你這樣就不對了，我主持國家大事，比你忙得多，可仍然抽出時間讀書，收穫很大。漢光武帝帶兵打仗，在緊張艱苦的環境中依然手不釋卷。你為什麼就不能刻苦讀書呢？」

呂蒙聽了孫權的話，內心很慚愧，從此便開始發憤讀書，他利用閒暇時間，遍讀詩、書、史及兵法戰策。皇天不負苦心人，漸漸地，呂蒙的知識越來越淵博，官職也不斷升高，當上了偏將軍，還做了潯陽令。

有一次，魯肅率大軍路過呂蒙的駐地，一位謀士建議魯肅說：「呂將軍功名日顯，您不應該怠慢他，最好去拜訪一下。」

魯肅覺得有理，便去拜會呂蒙。呂蒙熱情地設宴款待魯肅，在吃飯的時候，呂蒙請教魯肅說：「大都督受朝廷重託，駐防陸口，與關羽為鄰，不知有何良謀以防不測，能否讓晚輩長點見識？」

魯肅隨口應道：「這件事到時候再說嘛……」呂蒙卻一本正經地說：「這樣恐怕不行。當今吳蜀雖已聯盟，但關羽如同熊虎，險惡異常，怎能不事先謀劃，做好準備呢？對此，晚輩倒有些考慮，願意獻給您作個參考。」呂蒙於是獻上五條計策，見解獨到精妙，令人嘆服。

魯肅聽了之後非常驚喜，立即起身走到呂蒙身旁，撫拍其背，讚嘆道：「真沒想到，你的才智進步如此之快……我以前以為你只是一介武夫，現在看來，你的學識也十分廣博啊，遠非從前的『吳下阿蒙』了！」

呂蒙笑道：「士別三日，即更刮目相待。」從此，魯肅對呂蒙尊愛有加，兩人成了好朋友。呂蒙透過努力學習和實戰，終成一代名將而享譽天下。

第一則故事中的鯊魚，剛開始也是勇往直前，但後來經過多次碰壁之後就放棄了。這種自我設限其實情有可原，是為了逃避再次遭遇失敗。這種習得性無助不管是在動物身上還是在人的身上，都有所展現。鯊魚不再向前衝，是牠以為自己還會碰壁；人也是如此，無論做什麼事，只要前幾次失敗了，就會覺得成功的可能性越來越小，不想再去嘗試了。其實，自我設限就是拒絕消極的可能性。有些人發傳單，發到第五個人的時候，還是被拒絕，然後他就覺得大部分的人都不會接受他的傳單，但是他沒有想到有另外一種可能性，可能只有這五個人不要。只是他的自信心已經遭受到打擊，便傾向於放棄，或者抱著消極的態度來做這件事。

李梅的自我設限是能力設限型，是從「零」到「一」的突破問題。因為她對新事物從未嘗試過，所以她沒有把握，不知道自己能否做好。但這並不是最關鍵的，最關鍵的是，她有一種強烈的自我保護意識，如果她要突破自我，就要承受痛苦，承受可能會失敗的結果，雖然不一定會真的失敗，但這是她的自我保護意識所不允許的。

李梅非常害怕在別人面前出醜，這就涉及自我設限的另一個因素——印象管理。李梅會自我設限，是因為她害怕自己表現得不好，給別人留下不好的印象。維護自己在別人心目中的形象，就是她自我設限的動機。

李梅自我設限還有一個原因，就是李梅並不確定去嘗試那些新事物需要多強的能力，就像她自己說的，她認為加入文學社需要天賦，加入音樂社需要學過音樂。她並不了解加入這些社團的必備條件，僅憑藉臆測，就限制了自己探索未知領域的腳步。

這也是為什麼很多人看到招募資訊上的要求比較高，就認為自己肯定達不到的原因。其實真正面試的時候，並不是都按照招募資訊上的要求來遴選的。這樣的自我設限會給人帶來很多阻礙，導致人們難以進步，無法獲得良好的發展。

呂蒙的自我設限，主要是因為他完全沒想過要走出自己的「舒適圈」。自認低人一等，忙於打仗，這些都是他給自己的心理安慰，這樣想會讓他覺得，自己不會讀書，沒有素養和謀略都是情有可原的。

但我們應該重點關注他是怎麼走出自我設限的框架的。這是因為孫權激發了呂蒙的羞恥心，孫權的話讓呂蒙無法再自欺欺人，而是必須面對真相。

從故事中，我們可以看出，魯肅對呂蒙的態度隨著呂蒙的改變而改變。我們常常覺得是別人瞧不起我們、打擊我們、苛責我們，才導致我們自我設限，但這要看我們對別人的不看好抱的是一種怎樣的態度。如果別人不看好我們，我們不服氣，發憤努力，非要做出個樣子給別人看，那我們就可能突破自我局限；如果看別人放棄我們了，我們就覺得自己沒什麼希望了，那怎麼可能會有所改變呢？

如果我們的生活中，並沒有孫權這樣的人來鞭策我們、提醒我們，我們又該如何走出自我設限的框架呢？

一、寫出真相，看清自己。在我們夜深人靜無法成眠的時候，寫下自己在自我設限、放棄努力時，都做了什麼事，是看電視、玩遊戲，做一些無關緊要的事，還是做一些對自己而言，感覺很輕鬆的事？再寫下自己做這些事時所花費的時間、自己的認真程度、精神狀態。這樣我們就能清楚地感受到，我們在自我設限時浪費的時間完全可以拿來去做那些突破自我極限的事，我們可能會發現，待在「舒適圈」其實並不是那麼「舒適」。這一步主要是激發我們對自己不進行自我突破和提升的「譴責」。寫好之後，把它貼在第二天早上醒來第一眼就能看到的地方，因為睡一覺之後，這種譴責感會減弱很多，這樣可以發揮有效的提醒作用。

二、寫下願望，激勵自己。我們每個人都有很多想要嘗試的事，既然在自己的心裡，我們認為這些事是不可能完成的，那就把它們寫下來。如果你想要成為百萬富翁，那就寫下這個願望，同時還要寫下自己已經擁有的東西，比如聽力、視力、親人的愛、家裡的小貓、電視機……寫下這些或大或小的事物，這樣當我們的欲望得不到滿足的時候，我們也會發現：我已經擁有很多了，失敗並不算什麼，收拾心情，再次出發就是了。

三、我就是行，我就是棒。將「我五音不全，我唱歌肯定不好聽」的內心聲音改為「我五音不全，我唱歌一定很特別，我的歌聲是最特別的歌聲」；將「我不敢在公共場合演講」改為「我一定是怕現場的聽眾被我震懾住」……將這些自我設限的觀念都變為「我能做到的」積極信念。

四、選擇一個積極的環境。如果你的自制力實在太差，但是又想要改變，那你最好置身於那種能夠感染自己的積極環境當中。你想要學芭蕾舞，一個人練肯定不如一群人一起訓練，有比較、有競爭的效果好，這樣的環境可以激發我們的鬥志。

五、拓展認知。自我設限來自認知的局限，認知決定一個人的思想格局和視野。知識匱乏，對自己的認知不夠全面，就不知道自己的缺點在哪裡，自己的長處又在哪裡。對很多事的認知錯誤，是導致我們無法前進的重要因素。

六、正確歸因。我們要明白，導致自己失敗的原因有很多，要綜合考慮方方面面的因素，避免鑽進牛角尖。很多事情其實都與天賦無關，真正有天賦的人在年齡很小的時候便會嶄露頭角了，比如：著名作曲家莫札特六歲的時候就進行過一場巡迴演出了。極高的天賦自然是極少數人才擁有的，對於普通人而言，只能說我們可能更擅長於某一方面。如果總是把失敗的原因歸結為天賦不高，我們就會拒絕在實踐中提升自己、突破自己，最終陷入自我設限的框架。

自我設限，就是自己給自己畫地為牢，自己出不去，新的事物、新的思想也進不來，就這樣自己把自己給「束縛」起來了。其實我們不如給自己鬆綁，能走多遠算多遠，無論結果怎樣，都是自己努力爭取後得到的。

39

急功近利：我現在就要成功

在欲望控制自我的狀態下，我們的自我沒有自由，我們被怨恨、無助、罪過、刻板的道德規條和情緒化的欲望捆綁著，常常感到無奈和焦灼。就算我們表面上控制得再好，自我的潛意識還是會替我們做出自認為有利於自身的選擇。

小明是一個還在上幼稚園的小孩子。雖然他還沒滿六歲，可是他身上的負擔早已超過「三十公斤」了。

小明的媽媽姜女士是個好強的女性，她在工作和生活中講求的就是效率和成果。於是她對她的兒子也是如此，要求小明必須有很高的學習效率。

姜女士替小明報了幾個興趣班，其中有一個是書法興趣班。媽媽親自帶著小明來書法班學習，書法老師一看小明還那麼小，就覺得讓這孩子學書法，恐怕會很吃力吧。於是書法老師叫小明先去接觸一下毛筆，可以拿著毛筆，在紙上畫畫寫寫什麼的。

書法老師跟小明的媽媽交談起來，對她說：「小明媽媽，等過一年後再來讓小明學習書法可能會更好一點。可以暫時讓他多玩玩呀，多和其他小朋友們接觸一下。」小明媽媽一聽，馬上就急了，說：「那怎麼行啊，現在把書法學會了，明年還有明年要學的呢，現在該學的東西，留到一年後學，哪還來得及呢？我就要他現在學習書法，現在就能寫出一手好字。」書法老師笑了笑說：「小明媽媽呀，我從事書法教學幾十年了，我都不敢說我的字算寫得好的，一年半載，妳就想讓小明練出一手好字，妳是覺得我是神仙，還是令公子是神仙呀？這是不可能的啊！」小明媽媽一聽，知道自己有點急功近利了，於是說：「算了，你不願意教，我兒子還不願意學呢，全市又不是只有你這一個書法班，哼！」

就這樣，小明的媽媽氣鼓鼓地拉著兒子離開了書法班。

可是小明的日子依然不好過。讀國小以後，媽媽把小明所有的休息時間都剝奪了。星期六的時候，媽媽親自在家盯著小明練鋼琴，小明很想跟別人家的小朋友在社區的花園裡玩，但是媽媽不允許。小明彈琴彈得很煩躁，而且媽媽還一直在旁邊盯著他，一會兒讓他把背挺直，一會兒讓他把手放在正確的位置。小明去鋼琴培訓班才一週不到，媽媽就讓小明彈一首難度為中級的鋼琴曲。小明小小的身軀坐在大大的鋼琴面前，顯得特別力不從心。小明吃力地彈奏著鋼琴，媽媽在一旁一直嘮叨著，小明彈錯一個音，媽媽就會指責小明一次。小明被媽媽整日逼迫著學這學那，弄得精神疲憊，週一去上學的時候，上課就想睡覺，作業錯誤率也很高。

小明的媽媽被班導師請去學校談話，班導師說：「小明媽媽，妳這完全是揠苗助長啊，妳這樣不僅不會讓孩子成長得更好、學會更多東西，還會讓他失去學習的興趣，失去生活的動力啊！」

結果，小明媽媽依舊不好好反思，還是一如既往地逼迫孩子學習各種東西，希望孩子能夠快速取得成果。

急功近利的特點就是「急」和「近」。人人都想獲得一定的成功和利益，但急功近利追求的是近在眼前的成效和利益，而不是透過長久的努力去獲得勞動成果。而且，急功近利之人的目的性和功利心太盛，一旦發覺無利可圖，就不想再繼續努力下去了。

故事中小明的媽媽給小明報各種興趣班，看似是為了發展孩子的興趣，實則是把藝術薰陶變成了技能培訓。媽媽根本不在意小明是否對鋼琴和書法感興趣，就一門心思只想要小明「速成」這兩項技能，理所當然的，我們看到的是弄巧成拙的結果。小明媽媽越是急功近利，越得不到一個好的結果，更嚴重的是，小明還會因此產生很多心理方面的問題。

那麼，急功近利的心理是什麼原因造成的呢?從整體層面來講：

一、我們希望自己短暫的一生能被世人所銘記，而這種銘記主要是透過個人的社會價值、人生價值的實現而實現的，所以，我們才會有「出仕」、「立功」這樣的心理。中國歷史上的「三不朽」是仁人志士極力追求的一種永恆價值，然而，後人對「三不朽」的解讀世俗化、簡單化的傾向，使「立功」更多地指向個人的功績，這就使得人們急切地追求名利，而忽視它背後的道德含義。

二、在傳統思想中，「人為財死，鳥為食亡」、「人不為己，天誅地滅」、「無利不起早」等狹隘的思想也為人們追求名利提供了一定的心理依據。「十年寒窗無人問，一舉成名天下知」，教育上對結果的過分重視也使得我們更容易看到事情的功利面，而忽視其過程和心靈感受。

三、「重道德，輕制度」的社會特點為「急功近利」提供了可能性。儒家文化講求德治，以德來教化人，但是這樣做的風險很大，因為如果整個社會秩序是靠道德力量來維護的話，就是極大地考驗人性，而人性是變化無常的、複雜的，制度的缺失會使人性的不足更多地表現出來。重道德、輕制度的社會特點，容易使我們做出一些利己主義的事情來。

個體心理因素：

一、急功近利是人類潛意識的選擇。我們一心執著於欲望而設定的目標，在行動上表現出來的就是急功近利，而這樣做往往會讓局面變得更加糟糕。

在欲望控制自我的狀態下，我們的自我沒有自由，我們被怨恨、無助、罪過、刻板的道德規範和情緒化的欲望捆綁著，就算我們表面上控制得再好，自我的潛意識還是會替我們做出自認為有利於自身的選擇。

二、急功近利就是想要抄近道走捷徑。我們的欲望得到了滿足，我們就會有積極情緒；反之，欲望得不到滿足，我們的心裡就會充滿了消極情緒。為了一直處於一種叫「快樂」的情緒狀態中，我們就會不停地設法滿足自己的欲望，一直這樣的話，我們可能就會對其上癮。當不快樂的大腦想要變得快樂時，填充欲望是最快的辦法。所以，急功近利是人們為滿足自身各種欲望的一種心理狀態。

現在無論是在政治領域、經濟領域，還是教育領域，急功近利的現象都比比皆是。但我們也發現，急功近利只能獲得短暫的成效，從長久效果來看，我們不但沒有獲利，可能還會失去更多。

那我們該怎麼克服急功近利的心態呢？

一、正視內心的欲望。無論我們心中有什麼欲望，都不要刻意去壓制它，因為一旦我們壓制它，自己的內心就會產生一種罪惡感。比如你很貪財，但你知道貪財是一種不良的品行，於是你控制自己對金錢的欲望，逼著自己淡泊名利、勤儉持家。這時我們就會察覺自己的虛偽，然後產生一種負罪感，但我們心裡對金錢的渴望是不會消散的，它會存在於我們的潛意識中，掌控我們的行為，使我們默默地從事著那些貪財的行為。但是，如果我們一開始就把「貪財」這件事擺在檯面上，並且透過努力合法獲得錢財，這樣就不會影響我們內心的平衡，不會使我們對錢財的看法那麼畸形。

二、不要被欲望控制。就是說，我們要認清自己的欲望和自己的理想是不一樣的，不要成為欲望的「奴隸」。比如前面故事中的小明媽媽，其實她作為小明的媽媽肯定是希望小明能學習很多東西，能更好地成長、出人頭地的。如果小明媽媽沒有把期望和欲望混為一談，不陷入這種畸形的成功欲中，而是看重兒子的成長，那她就不會要求兒子馬上在某些方面取得成功了。

三、認清自己的需求。奔跑在追求利益的路上，我們容易迷失方向，看不清自己到底想要什麼。有些快樂並不是金錢能夠給予的，我們渴望的是一個充實幸福的生活。當我們明白自己花那麼多時間和精力去賺錢的時候，我們原來忽視了那麼多可以讓自己感到快樂的充實的東西，或許我們應該抽出一些時間去交朋友，學習各種知識，培養健康的愛好。

所以，急功近利的人要先靜下心來，好好想想自己到底想要什麼。與其追求眼前的「小芝麻」，不如耐著性子，追尋夢想中的那個「大西瓜」。如果沒有耐心，急於求成，我們只會賠得更多，虧得更慘。

40

心存僥倖：這次我一定會中的

心理學研究顯示，僥倖心理是人的本能意識，這種心理反映在人們的各種思維活動中。僥倖心理只是人的潛意識，不足以支配人的行為，只有當一個人的自制力不強的時候，潛意識才會得到釋放，繼而引發衝動行為。

尤夫人家的牆洞裡有老鼠，這些老鼠在白天的時候都不會出現，可是一到晚上的時候，牠們就全部出動了，把廚房搞得「叮叮咚咚」響。

尤夫人見此狀，就想著乾脆養隻貓來防老鼠吧。於是，尤夫人從外面帶回來一隻大黑貓，自從看到有貓出現以後，老鼠就不敢再那麼倡狂了。

大黑貓看見家裡根本沒有老鼠出沒了，便天天趴在沙發下面睡懶覺。主人出門工作時，大黑貓可以在沙發旁睡上一下午。

牆洞裡的一隻小老鼠一見此狀，樂壞了。牠趁大黑貓在酣睡的時候，偷偷溜進廚房，偷了一片燻肉，在廚房裡吃得不亦樂乎。

小老鼠吃完後，馬上溜回牆洞，生怕被發現了，但溜進牆洞後牠發現，大黑貓依然在睡懶覺，牠心想：要是再去偷一片回來，也肯定不會被發現的。於是牠又躡手躡腳地溜進廚房，這次牠偷到了一塊蛋糕。

一連兩次的好運讓牠得意忘形、沾沾自喜，老鼠自言自語地說：「今天真是好運氣啊，大懶貓還在睡懶覺，這樣好的運氣，怎麼能錯過呢？」於是，小老鼠又打算去廚房偷白米。

這時，大黑貓的耳朵裡傳來了主人的開門聲，大黑貓從睡夢中被驚醒，準備去門口迎接主人，卻聽到廚房裡傳來「窸窸窣窣」的聲音，結果牠一看，是小老鼠在米缸裡偷米吃，於是牠決定在米缸外靜靜等候小老鼠出來。小老鼠吃得肚子圓圓了以後，就準備離開了，牠鼓足所有的力氣，終於爬到了米缸最上面，結果牠一低頭，就看到了大黑貓陰險的臉，牠拔腿想要逃，但一不小心滑了下來，直接掉進了大黑貓的嘴裡。大黑貓這下可以飽餐一頓了。

這則故事中的小老鼠和大黑貓都有僥倖心理。所謂僥倖心理，就是對自身處境過於樂觀，想著按照自己的需要或者好惡來行事，就能讓事情按照自己的願望發展，直至取得自己希望的結果的一種心理，它有時會讓我們忽視自己身處困境的現實。僥倖心理就是希望藉助一些偶然的因素去取得成功或避免災害，因而造成了無所為或失敗的嚴重後果。

雖然前文講的是老鼠和大黑貓的故事，但生活中有很多人就像老鼠和大黑貓一樣，總是心存僥倖地做事情。比如：一個人上班遲到一兩次，沒有發生什麼大事，就常常抱著無所謂的心態繼續遲到，結果有一次他遲到正趕上老闆發怒的風頭，就被開除了。這樣心存僥倖的情況有很多，比如買樂透、炒股等。我們往往在一兩次走運的情況下，選擇繼續投機取巧，然而卻導致了慘重的失敗。

有僥倖心理的人，他們口頭上常常說「可能、也許、萬一、大概……」之類的話，他們喜歡偷奸耍滑，很少認真做事，總希望能一步登天。

為什麼我們大多數人都有僥倖心理呢？心理學研究顯示，僥倖心理是人的本能意識，這種心理反映在人們的各種思維活動中。僥倖心理只是人的潛意識，不足以支配人的行為，只有當一個人的自制力不強的時候，潛意識才會得到釋放，繼而引發衝動行為。

我們的僥倖心理形成的原因包括以下幾個方面：

一、性格原因。腳踏實地的人很少會產生僥倖的心理，他們更願意相信，憑藉努力才能獲得成功；而一些存在投機心理的人，則比較容易心存僥倖，相信運氣。

二、自我保護。當我們的生活遭遇重大的變故，受到巨大的壓力的時候，我們會感覺非常焦慮，心理上會失去平衡。為了防止這種不平衡無限制地擴展下去直至我們出現精神崩潰，就需要一種不確定的樂觀情緒來支撐起我們的精神世界。這種樂觀情緒可能並不是基於現實，甚至很可能與現實處境完全相反，它只是暫時讓人覺得自己的情況是安穩的。如果在生活中我們過多地懷有僥倖心理來平衡自己的精神狀態，就容易形成一種自我麻醉的心態，這樣會導致我們生活中的種種困境無法真正得到解決甚至越積越多，而且也容易讓我們患上精神疾病。

僥倖心理也有一定的積極意義。僥倖心理會讓我們相信，透過某種偶然的不確定事件的發生，而使自己獲得意外的收益，或者可以使自己躲過某種確定會出現的災難，是一種與事情的發展常態相違背的心理預期。這種心理預期會給我們帶來一定的樂觀態度，至少在我們挫折、憂鬱的時候，我們能夠透過僥倖心理獲得一定的精神支持，短時間內，這可以讓我們不至於陷入精神崩潰的狀態。

但是對於那些過於懶散的人來說，僥倖心理的危害就很大了。他們總是想著一夜暴富，一勞永逸，這種僥倖心理會成為他們唯一的精神支柱，成為他們生活中所有的依靠。如果我們無法擺脫自己對僥倖心理的依賴，那麼發展下去可能會導致災難性的事件發生，比如賭博、犯罪……我們該如何克服僥倖心理呢？

一、回憶過失法。當我們在工作中出現一些小紕漏，也沒有導致某種嚴重後果的時候，我們可能就不會重視自己的過失，長此以往就容易產生僥倖心理。所以，當我們想要馬馬虎虎地完成工作時，就要好好想想以前因為馬虎而犯下的錯誤，這樣會有一個很好的提醒作用。

二、激勵法。當我們努力地去做一件事，卻遲遲看不到成果時，我們可能會產生僥倖心理，想要透過某種捷徑來達到自己的目的。這時，我們需要激勵自己，告訴自己，每天多做一點點就可以了。這樣循序漸進地付出努力，我們會更容易堅持下來。

三、提升修養。多讀書，從書籍當中尋找真正能讓人變聰明、變得更有本事的方法，而不是一步登天。

心存僥倖，可以暫時讓我們處於一個樂觀的狀態，但如果一直沉浸其中，那就真的成了不幸。

電子書購買

爽讀 APP

國家圖書館出版品預行編目資料

從敏感到僥倖，無所遁形的 40 個人性弱點：洞察人性深處，破解心靈弱點，從內心重建自信與力量 / 魏冰冰，劉璐 著，樂律心理 組編 . -- 第一版 . -- 臺北市：崧燁文化事業有限公司 , 2024.06
面； 公分
POD 版
ISBN 978-626-394-422-0(平裝)
1.CST: 人性 2.CST: 個性 3.CST: 個人心理學
173.7　　113008174

從敏感到僥倖，無所遁形的 40 個人性弱點：洞察人性深處，破解心靈弱點，從內心重建自信與力量

臉書

作　　者：魏冰冰，劉璐
組　　編：樂律心理
責任編輯：高惠娟
發 行 人：黃振庭
出 版 者：崧燁文化事業有限公司
發 行 者：崧燁文化事業有限公司
E-mail：sonbookservice@gmail.com
粉 絲 頁：https://www.facebook.com/sonbookss/
網　　址：https://sonbook.net/
地　　址：台北市中正區重慶南路一段 61 號 8 樓
8F., No.61, Sec. 1, Chongqing S. Rd., Zhongzheng Dist., Taipei City 100, Taiwan
電　　話：(02) 2370-3310　　傳　　真：(02) 2388-1990
印　　刷：京峯數位服務有限公司
律師顧問：廣華律師事務所 張珮琦律師

定　　價：375 元
發行日期：2024 年 06 月第一版
◎本書以 POD 印製
Design Assets from Freepik.com